——企业全员培训师系

U0590698

企业培训师授课技能
提升指南

赵金亭 刘仕豪 主编

中国水利水电出版社
www.waterpub.com.cn
·北京·

内 容 提 要

本书详细介绍了企业培训师从事培训工作时所需要的技巧。全书主要内容包括：企业培训与企业培训师、成人的学习特点与成人的教学原则、培训师教学设计、课堂授课技巧、培训效果的强化落实。

本书可作为企业培训师上岗培训教材，也可为企业培训师提升授课技巧的自学用书。

图书在版编目（C I P）数据

企业培训师授课技能提升指南 / 赵金亭，刘仕豪主编. -- 北京 : 中国水利水电出版社，2016.7（2019.7重印）
企业全员培训师系列教材
ISBN 978-7-5170-4567-0

Ⅰ. ①企… Ⅱ. ①赵… ②刘… Ⅲ. ①企业管理—职工培训—指南 Ⅳ. ①F272.92-62

中国版本图书馆CIP数据核字(2016)第171338号

书　　　名	企业全员培训师系列教材 **企业培训师授课技能提升指南** QIYE PEIXUNSHI SHOUKE JINENG TISHENG ZHINAN	
作　　　者	主编　赵金亭　刘仕豪	
出 版 发 行	中国水利水电出版社 （北京市海淀区玉渊潭南路1号D座　100038） 网址：www. waterpub. com. cn E - mail：sales@waterpub. com. cn 电话：（010）68367658（营销中心）	
经　　　售	北京科水图书销售中心（零售） 电话：（010）88383994、63202643、68545874 全国各地新华书店和相关出版物销售网点	
排　　　版	中国水利水电出版社微机排版中心	
印　　　刷	清淞永业（天津）印刷有限公司	
规　　　格	140mm×203mm　32开本　8.25印张　165千字	
版　　　次	2016年7月第1版　2019年7月第4次印刷	
印　　　数	6021—6520册	
定　　　价	**36.00元**	

本书编委会

主　编：赵金亭　　刘仕豪
副主编：刘艾琳
参　编：孟金萍　　董艳芳

前　言

感谢你选择了这本书。

这是一本提高企业培训师授课技巧的书，也是一本教你如何开发企业内部课程的实战指南。

编写目的

企业培训师是企业人力资源培训的重要资源之一，建立企业培训师队伍对于企业人力资源的开发与培训具有重要的意义和作用。企业培训师在业务知识、技能、培训的内容方面具有很强的针对性、适用性，越来越多的企业采用企业培训师对员工进行培训。但是大多数企业培训师由于未接受过专业的授课技巧训练，讲课的效果往往达不到预期目的，因此对于企业培训师进行培训技能方面的培训已提到了企业的议事日程上。但市场上难以找到适合企业培训师授课技巧方面的教材，我们根据多年的经验，开发了这本培训教材。

本书内容安排

本书共分为五个单元：第一单元为企业培训与企业培训师，主要介绍企业内部培训的特点及培训与教育的区别，以明确企业培训师的角色定位和需要掌握的技能，树立以学员为中心的培训理念；第二单元为成人的学习特点与成人的教学原则，主要介绍成人的学习特点及成人的教学原则；第三单元为培训师教学设计，主要介绍怎样设计教学目标、怎样设计教学结构和教学过程及添加素材编写课件；第四单元为课堂授课技巧，主要介绍上课的技巧、培训师课堂掌控及教学基本功的日常训练；第五单元为培训效果的强化落实，主要介绍培训效果强化落实的方法。

本书特色

本书适用范围广、实用性较强，具有鲜明的五个特点。一是立足于企业培训需求，讲解了培训师在课程设计和课堂授课方面的技巧，特别适合作为企业中"全员培训师"等类似活动的教材。二是教学与练习相互结合，即每单元后面都安排了若干练习。三是本书案例及练习都是初学者想掌握的热点、焦点，掌握了这些案例立即可用于实战。四是书中设计思路清晰，步骤讲解环环相扣，特别适合读者自学。五是配套光盘中的素材为学员练习提供了方便。相关素材可去水电知识网的"下载中心"下载，地址为："http://www.waterpub.com.cn/soft down/"。

通过这本书我们帮助你掌握

课程设计和**课堂授课技巧**

我们希望这本书可以让你：

一看就会

让你看了就可以上手！

一会就用

书中的案例都可用于实战！

一用就爱

一旦实践，就有乐趣！

读者对象

本书可作为企业培训师上岗培训教材，也是学校教师提高课程设计和授课技巧的最佳参考书。

本书由赵金亭、刘仕豪、刘艾琳三人共同编写。赵金亭编写了"第一单元 企业培训与企业培训师""第二单元 成人的学习特点与成人的教学原则"，刘艾琳编写了"第三单元 培训师教学设计""第四单元 课堂授课技巧"，刘仕豪编写了"第五单元 培训效果的强化落实"。孟金萍、董艳芳参加了材料搜集和校对工作。由于作者水平有限，教材中疏漏和不足之处在所难免，恳请广大读者和专家不吝赐教。

编者

2016 年 6 月

目　录

第一单元
企业培训与企业培训师

21世纪是知识经济时代，是知识爆炸的年代，获取知识和信息已经成为人们生存的必备手段，因此终生学习也是社会的必然发展趋势，而培训则是企业员工交流信息、增长知识、提高技能，促进企业发展的重要途径，通过企业培训可以快速地解决企业的岗位需求以及个人对职业发展的需要，因此企业培训变得越来越重要。

图 1-1

第一节 认识企业培训

一、企业培训的含义

（一）什么是培训

说到培训，有好多人会联想到教育，其实，培训不同于教育，培训的对象仅限于成人，因此它的针对性、实用性、时效性更强。培训这个词，从字面上可以拆成培和训两个字，培是培养，训是训练。

培训重在提升技能，是短时间内为企业各个岗位输送专业人才，为员工提供职业发展所需要的各类知识、技能等方面的专业学习。通过培训培养一种学习的气氛，让员工在这种气氛中进行训练。培训的侧重点是训练，但只有学员离开培训教室，技能得到了提升，知识得到了拓展，思路更加开阔，培训才真正达到了训练的目的。

（二）什么是企业培训

企业培训是指根据经济和社会发展，特别是企业自身实际工作的需要，采取多种方式对员工进行的有计划、有组织、多层次的培养和训练活动。目标就在于使员工的知识、技能、工作方法、工作态度以及工作的价值观得到改善和提高，从而发挥出最大的潜力，提高个人和企业的业绩，推动企业和个人的不断进步，实现企业和个人的双重发展。

到底什么是企业想要的培训？企业真正需要的培训，就是要在一定程度上指出问题，并引导和启发学员寻找解决问题的思路。但是，不是所有问题都能通过培训

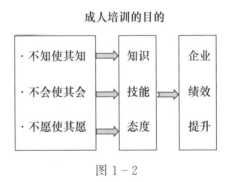

图 1-2

解决，培训能够解决的是人的问题，是关于员工会不会、能不能和愿不愿的问题，是解决由于人的知识、技能和态度方面的差距造成的企业绩效问题。

说得再通俗一点，培训，就是你不懂的，或者你懂得少的，我懂，我告诉你，你懂了；你不会做的，你不知道为什么做的，我知道，我告诉你了，你会了，也明白为什么这样做了；原来工作积极性不高，通过学习工作热情得到了提升，态度发生了改变，创造性地开展工作。这就是培训所要的结果。

二、企业何时需要培训

企业培训一般有两大主流：一是以培训技术、技能为目的，集中于企业职级较低的员工；二是以培养管理人才为目的，集中于企业职级较高的员工。也可以把有关信念、价值观以及心态的培训和技术、技能的培训有机结合起来。企业一般在以下几种情况下需要对员工进行培训。

➢ 新员工需要融入企业。
➢ 员工调职或升迁需要不同技能。
➢ 缺乏团队精神或作风涣散。
➢ 经历大的变革或人事变动，调整心态。
➢ 企业与员工成长的需要。
➢ 年初设定员工绩效计划时。
➢ 引入新的流程、系统或标准时。
➢ 新的法律法规出台或法律法规发生变化时。
➢ 专业人才储备时。

三、培训与教育的区别

提到"培训"就不能不说"教育"。教育为长期行为，教育意在引导。两者的区别见表 1－1。

表 1－1　　　　　　　培训与教育的区别

区别	教 育	培 训
中心	教师	学员
目标	增长知识	掌握技能、开发潜能
方式	传授式（教师告诉学员）	参与式（学员自己"发现"）
范围	某个学科或领域	针对特定岗位或职业
内容	系统性知识	实用性知识、技能或态度
时间	周期长	时间短
形式	单一化	个性化和多样化
师资	知识丰富	知识＋经验＋阅历＋思维＋观点

通常，我们把国家实施的为了提高人民基本素质的过程称为教育，所以往往在讲到"教育"的时候人们喜欢在前面加上"素质"两个字。培训的目的是提高人力资源的能力、技能。教育和培训的本质区别导致两者存在很大的不同，主要表现在以下几个方面。

（一）中心点的区别

无论是教育还是培训，教师、学员和管理者都是教育和培训活动的主体，但教育和培训的中心点是不一样的。教育强调的是教师传授知识，学生获取知识，课程和教学内容是学校规定好的，教师教什么，学生就学什么，因此，教育的中心是教师。在培训活动中，参训者都是成年人，他们都有一定的教育背景和工作经验，他们之所以参加培训不只是为了获取信息，更重要的是为了提高能力和提升发展空间。对他们来说，培训活动强调的是参训者需要什么，参训者能够通过培训真正学到什么，培训师就应该传授什么，而不是培训师愿意教什么就教什么，因此，培训的中心是学员。

（二）学习内容的区别

教育提供的教学内容强调的是培养学生基础理论知识的掌握与运用。培训强调的则是与企业工作密切相关的知识和技能的掌握和运用，培训有利于实现组织目标，树立积极向上的工作态度、良好的思维习惯及树立正确的价值观。

（三）过程的区别

教育的过程是一个以个人为导向的过程，一个人在接受教育前对学什么专业和毕业后做什么会有很多选择，在接受教育的过程中也可以充分发挥自己的特长，张扬自己的个性。培训的过程则是一个以企业工作和任务为导向的过程，你一旦进入一个特定的企业之后，企业会要求你在某个工作岗位上在一段时期内保持相对的稳定，并要求你与企业目标保持一致，与企业规范保持统一，认同企业文化和价值观。你不可再率性而为，你的个性可能会相对受到制约，你的特长也可能会在一段时期内得不到发挥，你需要去适应新的环境并很快地融入到企业生活中。

所以，许多刚从学校大门走出来的毕业生进入企业后会感到困惑，甚至感到压抑，因为教育给他们描述的事物要更加理想化，解决问题的方式也更为规范化。而培训则是要人们面对现实，在维护企业利益、实现企业目标和遵循游戏规则的前提下灵活地解决实际问题。

（四）时间周期的区别

由于教育周期长，需要在较长的一段时期内方可显现出教育的影响和效果。培训则不然，其周期短，要求在较短的时间内就能见到成效。如果把培训办成了教育，则会缺乏针对性，就会难以实现培训要达到的目标。

（五）评估内容的区别

教育主要是指学历教育，所以对教育进行评估主要是考核学生在某学科上能拿到多少学分，能否取得毕业文凭，以及参加某统考（会考）的通过率。评估的主要任务是考查学生掌握知识和技能的情况。

对培训进行评估主要是考核参训者运用知识和技能的能力，以及培训为企业带来的预期效益。评估的主要任务是考查知识和技能对个人在工作实践中有多大用处，如工作能力的变化、个人行为的变化、对个人各种活动的影响等。

此外，培训评估还应当以用户为中心，即按照用户的需要和愿望，而不是按照评估者的愿望来进行评估，这里的用户是指参训者、组织决策者或培训组织者。评估提供的信息应当对某人或企业是有用的，应当为这些人或企业服务。

尽管教育与培训存在着上述不同，但两者也存在着密切的关系，以往接受过的教育及教育质量的优劣会对人们在参加工作后继续获取知识、技能和转变态度的能力产生直接或间接的影响。调查表明，一些企业更加愿意录用教育背景良好的毕业生，因为他们有扎实的基础知识、良好的学风、敏捷的思维方式和开阔的眼界，入职后，他们能很快地适应工作并具有较大的发展潜力。

无论是教育还是培训，都是人们获取知识和技能的一个途径，都会有助于企业和个人的成长和发展。了解教育与培训之间的区别可以帮助我们认识到培训有其自身的特点和发展规律，这也对我们进行培训需求分析、进行培训课程设计、实施培训计划和执行培训评估都会起到积极的指导作用。

四、培训与演讲的区别

我们经常看到，一堂培训课不停被学员的掌声打断，培训师的言语、神态都和学员有很好的互动，课后学员也能从培训中学到一些观点和方法，但在工作中却不能熟练运用，随着时间的推移，培训内容应用的机会就更少。这也是很多公司发现培训师课讲得很好，但培训后学员收效甚微，甚至对培训的作用产生怀疑的原因。究其根本原因是培训师进行的是演讲而不是培训。培训与演讲的区别有以下几点：

（1）演讲是就某一问题发表自己的意见或阐说某一事理；培训是让学员掌握某种技能和技巧。

（2）演讲是以演讲者个人为中心，强调的是演讲者的个人魅力；培训是以学员为中心，围绕学员达到的学习目标展开。

（3）演讲是分享经验，演讲者得到学员的认同；培训是让学员提高能力，得到自信。

（4）演讲型的培训师会告诉学员，"你应该这样"；真正的培训师告诉学员，"马上掌握那个技术，练到会为止"。

（5）听完演讲后，学员热血澎湃，但在工作中不知如何下手；接受完培训后，学员已经能够基本应用技巧了。

培训师应让学员在培训中找到自己可以提高的地方，并且在培训中就进行提高。我们是培训师，不是演讲家！

五、培训项目管理的基本流程

企业培训项目管理流程表现为四个阶段，分别是：培训需求分析、培训设计、培训实施和培训评估。下面我们结合案例来讲解这四个阶段。

案例分析

兄弟俩分西瓜

夏天，兄弟俩放假都在家里，妈妈留了西瓜给兄弟俩分，每天一个。开始时，哥哥拿刀切，哥哥先拿。

弟弟投诉：

西瓜分配不均匀，第一天哥哥拿三分之二，第二天哥哥拿四分之三。

妈妈决定，哥哥拿刀切西瓜，弟弟先拿。

哥哥投诉：

因为分不均匀，哥哥总是拿到小的。

如果以上材料发生的事情是一个企业的管理中发生的问题，请分析：

1. 问题是什么？发生问题的原因是什么？
2. 要不要给哥哥搞个培训？
3. 如果需要培训，培训目标是什么？

（一）培训需求分析

培训需求分析是指在规划与设计培训之前，由有关人员采取各种方法和技术，对各种组织及其成员的目标，以及成员的知识、技能、态度等方面进行系统的鉴别与分析，以确定是否需要培训及培训项目的一种活动或过程。

培训需求分析包括三个方面的内容：①组织需求，即组织的目标和战略；②岗位的需求，即特定岗位的任务及完成任务所需要的技能标准；③个人需求，即个人的知识能力与岗位需求的差距，以及与个人未来发展目标的差距。

在"兄弟俩分西瓜"案例中，开始是先切者先拿，西瓜分配不均匀，弟弟向妈妈投诉。妈妈感觉分西瓜的流程不完善，进行流程再造，先切者后拿，西瓜还是分配不均匀，哥哥向妈妈投诉。投诉就是矛盾，矛盾就是问题，"西瓜分配不均"就是问题所在。

问题找到了，那么造成问题的原因又是什么呢？经过分析可以得出，造成问题的根源是哥哥对切西瓜的操作不够熟练。改善的办法：妈妈送哥哥参加"切西瓜"的培训。这就需要策划一个培训项目，当然，举办培训项目时不太可能只开设一门课——"切西瓜"，一个培训项目往往包含多门课程，如切西瓜、切冬瓜、切土豆等课程。我们给这个培训项目定一个名称，姑且就叫"家庭厨师刀工培训班"，下面我们介绍如何策划这个培训项目。

（二）培训设计

培训设计就是根据培训需求来设计培训方案的过程。培训方案主要包括以下内容：培训目标、培训对象、培训内容、培训方法、教学过程、培训需要采用的设备和材料、培训时间与地点等。

做好培训设计，首先要确定培训的目标，想重点开展哪一方面的培训，通过开展培训让参培人员掌握什么，学到什么，达到什么样的学习目标，根据培训目标确定培训内容，这里所说的培训内容就是指的培训大纲，通俗说就是具体培训课程，如切西瓜、切冬瓜、切土豆和切洋葱等，培训内容确定好后，下一步就要根据具体课程选聘相应的培训师，培训师根据培训对象的特点和培训目标准备课程，制作课件，以上都确定好，就可以安排培训时间、地点实施下一步的培训了。

经过一系列地梳理，刚才案例的培训对象和培训目标大家应该自己解答出来了，培训对象就是"家庭厨师"，培训目标就是"解决家庭矛盾，提高家庭厨师的刀工水平"。下面是该培训方案的样文。

"家庭厨师刀工培训班"培训方案

各位职工：

通过近期调研整理结果发现，人们对日常生活中的刀工使用技巧需求较大，为提高家庭厨师的刀工水平，公司决定举办一期家庭厨师刀工培训班。现将培训有关事宜通知如下。

一、培训对象

由各单位选派对刀工课程感兴趣的人员 1～2 人。

二、培训内容

切西瓜、切冬瓜、切土豆、切洋葱。

三、培训时间及报到地点

报到时间：2016 年 4 月 10 日下午 16：30 前到××培训中心一楼总台报到。

培训时间：2016 年 4 月 11—12 日。

四、培训地点

××培训中心四楼 404 教室。

乘车路线：（略）

五、培训费用

统一安排食宿，费用自理。

六、培训要求

1. 培训人员报到时请携带本人身份证。

2. 培训上课不允许在教室随意走动、不允许接打电话，不得影响课堂纪律。

3. 按时上课，不允许迟到早退，如有特殊情况需要请假，要写请假条报班主任审批后，方可离开。

4. 自备实操用的操作工具，刀具一把，报到时请交到服务总台，由教练统一保管，上课练习时统一发放。

5. 联系人：×××

联系电话：××××

电子邮箱：××××

2016 年×月×日

附件：家庭厨师刀工培训班课程表

序号	时间	课程	培训师	地点
1	4 月 11 日上午	切西瓜	张三	培训中心 404 室
2	4 月 11 日下午	切冬瓜	张三	培训中心 404 室
3	4 月 12 日上午	切土豆	李斯	培训中心 404 室
4	4 月 12 日下午	切洋葱	李斯	培训中心 404 室

知识拓展

培训方案组成要素

培训方案是培训目标、培训内容、培训管理者、培训师、培训对象、培训时间、培训场所与设备以及培训方法的有机结合。培训需求分析是培训方案设计的指南，一份详尽的培训需求分析就大致勾画出培训方案的大概轮廓，在前面培训需求分析的基础上，下面就培训方案各组成要素进行具体分析。

1. 培训目标的设置

设置培训目标将为培训计划提供明确方向和依循的构架。有了目标，才能确定培训对象、内容、时间、培训师、方法等具体内容，并可在培训之后，对照此目标进行效果评估。培训总目标是宏观上的、较抽象的，它需要不断分层次细化，使其具体化，具有可操作性。要达到培训目标，就要求员工通过培训掌握一些知识和技能，即希望员工通过培训后了解什么，希望员工通过培训后能够干什么，希望员工通过培训后有哪些改变。

这些期望都是以培训需求分析为基础的，通过需求分析，明确了员工的现状，知道员工具有哪些知识和技能，具有什么样职务的职能，而企业发展需要具有什么样的知识和技能的员工。明确了员工的现有职能与预期中的职务要求两者之间的差距，即确定了培训目标，把培训目标进行细化、明确化，则转化为各层次的具体目标，目标越具体越具有可操作性，越有利于总体目标的实现。

2. 培训内容的选择

在明确了培训的目的和期望达到的学习结果后，接下来就需要确定培训中所要传授的内容了。尽管具体的培训内容千差万别，但一般来说，培训内容包括三个层次，即知识培训、技能培训和素质培训。

知识培训是企业培训中的第一层次。员工只要听几次讲座，或者看一本书，就可能获得相应的知识。知识培训有利于理解概念，增强对新环境的适应能力，减少企业引进新技术、新设备、新工艺的障碍和阻挠。

技能培训是企业培训中的第二个层次。技能是指员工在工作岗位上的操作能力。招录新员工，采用新设备，引进新技术时都要对员工进行技能培训，因为抽象的知识培训不可能立即适应具体的操作。

素质培训是企业培训的最高层次。此处"素质"是指个体能否正确地思维。素质高的员工应该有正确的价值观，有积极的态度，有良好的思维习惯，有较高的目标。素质高的员工，可能暂时缺乏知识和技能，但他会为实现目标有效地、主动地学习知识和技能。

选择哪个层次的培训内容，是由不同的受训者具体情况决定的。一般来说，管理者偏向于知识培训与素质培训，而一般职员则倾向于知识培训和技能培训，它最终是由受训者的"职能"与预期的"职务"之间的差异所决定的。

企业内不同层次、不同部门的员工需要接受的培训内容各不相同。即使是同层次、同部门、同一个员工不同的时间、不同的工作性质，其所需接受的培训也不相同，因此针对企业的实际情况及员工的具体需求设计培训内容是十分重要的。

不同层次的管理人员需要培训的内容不同。

高层管理者需要培训的内容是：

- ➤ 新的企业观念。
- ➤ 企业经营理念。
- ➤ 适应及改造环境的能力。
- ➤ 领导控制能力。

中层管理者需要培训的内容是：

- ➤ 人际关系。
- ➤ 管理基础知识。
- ➤ 领导控制能力。
- ➤ 作业管理。

基层管理者需要培训的内容是：

- ➤ 人际关系。
- ➤ 培养下属。
- ➤ 指导工作。

企业内不同部门所需培训的内容也不相同。企业经营活动的主要部门是生产、营销、财务、人力资源管理等。

生产部门的培训内容除与生产作业直接有关的专门培训外，主要还有生产计划、生产组织、生产管理、制造管理、作业研究、设备管理、机械管理、工具管理、图表管理、运输管理、采购管理、计量管理、品质管理、库存管理、物料管理等。

营销部门的培训内容主要有市场调查、营销分析、营销、销售折扣、产品价格、营销组织、促销、广告、宣传、产品知识、销售技巧等。

财务部门的培训内容主要有财务预算、资金筹措与管理、股利分配、经济学、成本原理、成本分析、计量管理、管理数学等。

人力资源管理部门的培训内容主要有任用、调配、升迁、绩效考核、薪酬福利设计、安全卫生、人际关系、沟通劳资关系等。

企业培训最好能分层次、分部门进行，这样有助于培训内容的设计。培训的内容是否有针对性直接影响到企业培训的效果。

3. 确定培训师

企业的中层或高层领导、具备特殊知识和技能的员工都可以是培训师。

4. 确定受训者

根据企业的培训需求分析，不同的需求决定不同的培训内容，从而大体上确定不同的培训对象，即受训者。

5. 培训日期的选择

员工培训方案的设计必须做到何时需要何时培训。在培训日期的选择上，要防止一些误区：一是认为在时间比较方便或培训费用比较便宜的时候提供培训，二是把培训计划定在生产淡季以防止影响生产。我们知道，员工因为未及时得到培训，会造成大量次品、废品或其他事故，代价会更高。

6. 培训方法的选择

企业培训的方法有多种，各种培训方法都有其自身的优缺点，为了提高培训质量，达到培训目的，往往需要各种方法配合起来，灵活使用。

7. 培训场所及设备的选择

培训内容及培训方法决定着培训场所及设备。培训场所有教室、会议室、工作现场等，若以技能培训为内容，则决定了最适宜的场所为工作现场，因为培训内容的具体性要求信息传授的具体性，而许多工作设备是无法推进教室或会议室的。培训设备则包括教材、笔记本、笔、模型，有的还需投影仪、录像机等，不同的培训内容及培训方法最终确定了培训场所和设备。

员工培训是培训目标和期望结果、培训内容、培训管理者、培训师、培训对象、培训日期、培训方法和培训场所及设备的有机结合，达到目标和结果是根本目的之所在，其后各个组成部分都是以它为出发点的，经过权衡利弊，做出决策，制定出一个以培训目标和结果为指南的系统方案，而不能是各组成部分分离处理而任意组合。

培训方案要素表见表1-2。

表1-2　　　　　　　　培训方案要素表

序号	要素	含义
1	培训主题	做什么培训
2	培训目标	为什么要做培训
3	培训管理人员	谁组织？
4	培训师	谁教？
5	培训对象	谁被教？
6	培训日期	何时做培训？
7	培训时间分配	培训时间多久？
8	培训场地	在何处培训？
9	培训方法	如何做培训？
10	考核方法	如何考核？

（三）培训实施

实施就是实施培训方案的过程。在培训内容一定的情况下，培训形式决定效果，所以，在培训实施过程中特别要注意培训方法的运用。常用的培训方法主要有：讲授法、研讨法、情景模拟法、案例分析法、角色扮演法、演示法、游戏法、实验法等。有效的培训必定是多种培训方法的综合应用。在培训实践中，培训者应根据培训的目的和各种培训方式的特点，精心遴选和配置培训方法，以取得最佳培训效果。

（四）培训评估

评估就是评价培训价值，是培训循环圈的最后一个环节，目的在于证明培训活动的价值，它有助于将来培训项目的改进以及决定培训是否重复进行。评估的内容包括培训过程的评估和培训结果的评估，具体分为四个层次：反应层——参训者在培训过程中产生的反应；学习层——学员通过培训项目掌握知识、技能的情况；行为层——培训结束后参训者在实际工作中的能力与水平是否有所改善；结果层——确定培训对企业的绩效产生的影响。

第二节　了解企业培训师

图 1 - 3

企业培训师是指能够根据企业生产、经营需要掌握并运用现代培训理念和手段，策划、开发培训项目，制定、实施培训计划，并从事教学活动的人员，本书特指从事教学活动的人员。

　　企业培训师一般由企业中富有经验的、有良好专业技能或管理技能的资深技术专家或管理人员组成，对员工进行有针对性的专业辅导和支持。

　　对企业培训师工作通俗详细的解释是：企业培训师的工作是根据企业具体培训需求与要求，通过个人的学习、观察、分析、感悟和整合能力，把散乱无序的、深奥的、各种有用的知识、理念、思想、观点、技能等，变成一种简单、通俗、易懂、独特的，而且适合企业培训需求的某种培训内容，然后通过培训师的个人表达、组织、激励、控场等能力，以一种能够让受训者比较容易接受的方式，把这些内容变成受训者自我提升和转变的一种有价值的行为。

　　一般认为企业培训师是介于学校教师和企业管理者之间的角色，他有能力帮助学员总结实践经验，完成理论系统和学员零散经验的匹配，最后帮助学员系统地解决问题，也就是出经验、出思路、出手册，把解决问题的方法固化下来。大学教师最熟悉的是理论，大学的学生也是来学习理论的，他们正好匹配。如果让一个培训师给大学生上课，他们也会感兴趣，但对他们没有用。反过来，大学教师给企业人上课时，也只能满足企业员工拓展视野、增长知识的需求，很难提升他们的实战能力。

一、企业培训师的特点

企业培训师具有很多外部培训师所不具备的优点和长处，从而越来越受到企业的重视。

（一）企业培训师的培训课程往往具有较强的针对性

一般而言，企业培训师均在企业内部有较长的工作年限和丰富的工作经验，对于企业内部的运作情况和企业外部的经营环境均有较为深入的了解和把握。企业培训师在知识讲授和案例分析的过程中，往往会结合本企业的实际状况，给出有针对性的指导意见和方案，从而帮助员工较快地将相关知识和技能运用到实际工作中去。

（二）企业培训师的培训课程往往具有较强的灵活性

由于企业培训师是企业自身的员工，因此企业在培训时间的设置、培训频率的掌握以及培训内容、方式的调整，均具有较强的灵活性，从而保证了培训课程的机动性，避免了对企业生产经营的影响。

（三）企业培训师制度的开展使企业的培训体系具有较强的可持续性

一般来说，外部培训师的培训课程是针对某一问题较为理论性的讲授，无法不断地积累升华，很难对企业在较长一段时间内产生影响。而企业培训师的培训课程则可以根据员工的意见反馈，在之后的授课过程中对课程内容进行不断地修改和深入，从而达到最佳效果。对于某些技术含量较高的高新技术企业而言，企业培训师授课的过程也就是企业现有知识成果不断积累升华的过程。从长远来看，对于企业知识产权的保护和升级具有很深远的意义。

不可否认的是，企业培训师也存在着一定的不足，由于企业培训师平时忙于本职工作，从事培训教学工作属于兼职，内部培训师在培训技巧的把握和培训风格的体现上与有着丰富培训经验的外部培训师相比，会有一定的差距。这些问题可以通过对企业培训师有效的选拔和有针对性的培训来规避。

如今，国际知名公司大都拥有了自己的企业培训师队伍，在企业培训师的选拔、管理、评估和激励上均形成了一套较为完善的政策与制度，甚至建立了与之相配套的企业学院。据报道，美国宝洁公司90％以上的培训都是通过企业内部培训师来完成。

二、企业培训师的三个最基本条件

培训师面对的企业员工是掌握专门生产知识和具备丰富实践经验的成年人，而不是青年学生。他们都已有明确的岗位，他们接受培训的目的和兴趣非常明确也十分具体，那就是渴望学习新知识，掌握新技术，提升学习力，学会如何开发自己的潜能，增强创新能力的新思路、新方法，为企业的繁荣与发展做出更大的贡献。作为一个合格的企业培训师不仅要为学员传授知识，提供信息，更重要的是要当好学员的实践指导者。因此，作为企业培训师应具备以下三个基本条件。

（一）品行端正

优秀的培训师要具有认真负责、关爱他人、热情周到、耐心细致、灵活开放、诚实幽默、思维敏捷、冷静客观等优秀特征。在学员面前说话做事要有原则和立场，要有感染和激发学员的能力。

（二）心态积极

培训师的工作不仅仅是传授知识，还要启发培训对象的思路，提高培训对象的热情，开发培训对象的潜力。如果培训师没有积极、自信、负责的心态，就很难做好这份工作。培训是与人打交道，不可避免会有人对你做出褒贬，培训师要有一种包容平和、积极向上的心态，不可患得患失。

（三）阅历丰富

在资历上，培训师既要有丰富的培训教学经验，又应有多样的工作阅历，对事情有独到的见解和认识，有独特的工作技能，能够用自己的人生观、价值观、人生经验、行业经验、管理经验、专业技能、个人魅力等激励和感染学员。

三、企业培训师的两个基本职责

（一）专家职责

企业培训师应是在某个领域传授知识、技能、理念、价值观、人生观等的学术带头人或内行。培训师要对所讲授课程内容有深入而独到的见解，在知识的掌握上要较一般人，至少比学员略胜一筹。培训师通过知识和见解的传递，对学员授之以"鱼"，是知识学习的专家。

（二）引导者职责

企业培训师要具备传授知识的方法和思路，引导、激励和激发学员热情和潜能、协助学员解决问题、为学员提供各种咨询服务的能力。培训师还要能够及时引导学员围绕课题有关内容，进行自发的探讨和总结。培训师教会学员如何掌握技能和解决问题的方法及思路，是授之以"渔"，是能力培养的引导者。

四、企业培训师的三个重要角色

编剧	导演	演员
专业课程设计	课堂组织掌控	课堂呈现技巧

图 1 - 4

（一）编剧角色

在正式培训前的准备过程中，培训师主要扮演的是编剧的角色。这个时候，培训师要根据培训目的和培训对象的具体特点，编写所需要的教案及分发的资料等书面材料。需要做的工作包括：如何写出精炼概括的培训大纲，并且把大纲的内容恰如其分地展现在演示文稿中；如何编排授课内容，使之错落有致而又紧扣主题；如何选择能够吸引学员注意力的游戏、案例、讨论主题等。

（二）导演角色

培训一旦进入到实战阶段，就是培训师开始导演工作的时候了。培训师要按照事先编好的步骤，何时开场，何时给学员分组，何时提出问题让他们思考回答，何时组织实践操作等，这些都需要培训师要有娴熟的技巧来引导和指挥学员按部就班、有条不紊地去完成。在整个"导演"的过程中，培训师要保证课堂的气氛活跃，引导学员轻松、自然地参与各种活动，最终让学员在思想上、行动上有所收获。

（三）演员角色

企业培训师在培训中最重要的一个角色就是做演员。培训师要长时间地站在学员面前进行讲课，用语言、声调、手势、表情等来综合表达课程内容，传递信息和思想。在这个意义上，培训师必须像一个演员一样有丰富的表现手段和高超的授课技巧，才能够在无数双眼睛的注视下，有条不紊、口若悬河、表现自如地实现每次培训的目的。

五、优秀企业培训师素质要求

(一) 要具有深厚的知识功底

给别人一杯水，自己要有一桶水。有了深厚的知识功底，才能成为一个杰出的专家型人才。

(二) 要具有流畅的语言表达功底

自己明白的道理，能给别人讲明白，否则就会像茶壶倒饺子一样，肚里有"货"却因为"嘴"小，倒不出来。因此，想成为优秀培训师，还要具有流畅的语言表达功底，把知识深入浅出地传授给大家。让学员听得懂、听得会，懂了、会了，才能正确地应用到实际工作中。

(三) 要具有影响学员思维的功底

春风化雨，润物无声。培训师传授知识，要达到潜移默化影响学员，让学员领会知识的真谛，认识到只有把培训师教授的知识及技能学会并应用到工作中，才是对自己最有利的事情。培训师要具备影响学员的能力。一是树立权威性，因为你是权威，所以你讲的话才会有分量，因为你是权威，所以学员才认为"按照你说的做，一定可以取得成绩"。二是具备高超的说服力，采用学员能够听得进去的方式来说服。

(四) 现场调动气氛的功底

培训现场冷冷清清，学员昏昏欲睡，无精打采。这绝对不是一次成功的培训。成功的培训，是需要学员精气十足，瞪大双眼，双耳竖立，如饥似渴地学习。

学员是否能够一直保持旺盛的学习劲头，除了培训内容要足够的精彩和吸引人之外，培训师对培训现场气氛的调动能力也是极其重要的。成年人一般可以集中精神学习的时间只有 1 小时左右，时间长了，就会产生倦怠。所以，不管培训内容准备地多么精彩，也需要依赖培训师调动学员的学习积极性，把培训现场的"火"烧起来。

六、热爱学员的基本要求

热爱学员是培训师的天职，是培训师必须具备的情感品质，培训师应做到以下几点。

（一）要深入了解学员

热爱学员必须深入了解每一个学员。了解学员是培训师热爱学员的起点，也是培训师搞好培训的前提。

（二）要充分尊重学员

所谓尊重学员，就是对学员一种善意的行动倾向，它不仅包含着对学员个体存在价值、上进愿望的肯定，而且还包含着对学员意愿、要求的充分关注。所以，培训师充分尊重学员是调动学员积极性的关键。

（三）要始终信任学员

在培训活动中，培训师对学员的信任使学员体验到成功的满足，能激发学员的兴趣，调动学员的积极性，特别是对于基础差的学员，培训师的信任能够给他们提供进步的强大动力。

(四) 严格要求学员

培训师对学员的爱，是一种将热爱、尊重、严格要求统一结合起来的爱。培训师的这种爱不是宠爱、溺爱和放任，而是要爱中有严，严中有爱，严慈相济。对学员的严格要求也是对学员尊重和关爱的一种体现。

培训师对学员要"严"，但不是"凶"，培训师不可以按照自己的想法随意要求学员，而是有着特定的道德特征。

1. 严而有理

严而有理就是培训师在要求学员时，要摆事实、讲道理，使得每一项的要求都有理有据。

2. 严而有度

严而有度就是培训师对学员的要求要适度、恰到好处。要根据学员的实际情况，对他们提出适度的要求，不同的学员，对他们的要求应该是不同，否则学员就会反感、抗议。另外，培训师要从关心、爱护学员的角度出发，认真考虑每一项要求有可能产生的后果，以便做得恰到好处。

3. 严而有恒

严而有恒就是对学员的要求必须始终一贯，坚持到底。培训师对学员的要求一旦提出，就必须坚持下去，不能朝令夕改、虎头蛇尾。只有这样，才能使必要的要求得到落实。

4. 严而有方

在培训过程中，学员会出现各种各样的问题，培训师必须想办法促使学员自觉执行对他们的严格要求。就像"严"是"刚"，"方"是"柔"，刚柔相济，寓刚于柔，才易于教育学员。

5. 严而有情

培训师对学员的严格要求是出于对学员真诚的无限关爱，而不是一种冷酷无情的表现。只有这样，学员才能理解培训师的要求，心服口服地接受培训师的严格要求，并用这种要求约束自己的行为，提高自律。

七、企业培训师需把握的六大策略

（一）多读书

书籍是人类进步的阶梯、是汲取知识营养的源头，是借鉴它山之石的宝库。但读书要将博览与精读相结合，博览可涉猎广泛，是为了扩大知识面，精读则须围绕培训项目选择相关书籍，是为了开发、设计、讲授更专业的培训课程。

（二）多听课

只有博采众长，才可自成一家。多旁听其他同行的讲课，能够很直观地、有效地将他人之长吸取为己所用，从而站在巨人的肩膀上比别人更高。

（三）多讲课

任何能力的提高都要实践来推动，科学文化理论知识是奠基，而将其付诸实践才是建筑。实践和理论的结合可产生质的飞跃，在用中学，在学中用的学用结合是提高业务能力最有效的途径。

（四）多请教

三人行，必有我师，人人都有优点，都有已所不如之处，包括自己的培训对象也是如此。请教他人，更多地拜访与请教前辈、专家、高人是快速提高的捷径。

（五）多写作

写作并非是作家的专利，其实写作也是培训师提高业务素质的有效手段，而且也是其在"演"之前扮演"编"和"导"两个角色的必要技能。

（六）多实践

企业培训跟理论教学截然不同，必须要跟实际相结合，必须要有相应的大量的事实和案例作为论据和佐证，培训方能成功，这就要求培训师决不可闭门造车，而应经常积累实践案例来有力支撑培训课程。

"企业培训师"，一个响亮的名头，但它对拥有它的人的要求是非常高的。企业培训师往往要时刻走在市场经济的最前沿，要善于发现企业存在的问题并进行解决，要时刻保持自己知识的时新性，不断提升自己。

八、企业培训师与学员的关系

企业培训师与学员的关系是指培训师和学员在培训教学过程中结成的相互关系，包括彼此所处的地位、作用和相互对待的态度等，它是培训教学过程中最基本，也是最重要的关系。我们要建立适合现代成人培训特点的民主、平等、和谐的师生关系。

培训教学过程是培训师的"教"和学员的"学"的双边活动，培训能否成功很大程度上取决于培训师与学员之间的关系，培训师必须具有与学员建立友好关系的能力，培训师必须多与学员进行坦诚交流，听取他们意见及希望，要能够聆听、多肯定、多赞美，提出能激发热情的适当的问题，经常做出清晰、直接的反馈，要相信每个学员都是一座沉默的火山，每个学员都会在一定机会中"爆发"，每个学员的潜能是无限的。培训师要更多地看到每个学员的优点，对每个学员都充满信心，让学员在培训师肯定的话语中得到鼓舞和获得前进的动力，让每个学员都觉得是备受尊重的人，积极的思想演化为最积极的行动，建立起亦师亦友关系。

在肯定师生平等的同时，还需进一步思考师生平等的特殊性。师生平等不能等同于一般意义上的人与人之间的平等关系。除去师生之间人格平等这一共性之外，还有它的特殊性，即教育者与被教育者的关系，也就是师生之间在德、学、才、识方面的不平等，否认这一点也就否认了培训师的作用，否定了成人培训的功能。尤其是成人培训的师生双方，年龄的差异不大，而且接受培训的成人在以往的工作中具备了本行业内的专业知识并且在不同的领域也取得了显著的成绩，所以这更提高了对于成人培训中培训师的自身素质和人格魅力的要求，只有培训师具有深厚的文化底蕴及专业知识的准确性、灵活性、多样性，才能使培训师在成人培训中以德树威，以才生威，以能强威，以识壮威。建立良好师生关系的可行性策略如下。

（一）确立科学的学员观，与学员平等对话

培训师要蹲下身来和学员交流，与学员处于平等地位，让学员真正感到培训师是他们的朋友，是合作的伙伴。只有拉近师生间的"心灵距离"，才能更好地开展教学工作。

（二）信任学员，确立学员的主体地位

如果说民主是架在培训师和学员心灵之间的桥梁，那么信任便是这座桥的桥墩。只有相信学员拥有的能力及潜能，才会给学员真正的民主权。培训师在整个培训过程中，必须充分尊重学员的个性特点，尊重学员的人格和尊严。对每一个学员都要以诚相待，即使学员有这样那样的错误缺点，培训师也应以理服人，给予真诚的帮助。同时，作为培训师应该明确信任也是一种教育力量，它能增强学员的自信心，会激励他们克服困难，勇于争先。学员往往能够从教师的信任和期待中体验到自己的尊严，认识到自身的价值，从而激发自己要不断进取。

（三）放宽视野，鼓励学员批判

只知道盲目服从，一味接受的学员永远只能生活在权威、培训师的阴影里，成为知识的奴隶。培训师应放远目光，从促进学员身心发展出发，鼓励学员向书本、向培训师、向权威挑战，促进学员的独立思维、批判思维、创新思维。

（四）严于律己，为人师表

培训师的教学过程，实则是一个言传身教的过程，培训师的言行举止，思想道德，都是学员模仿的榜样。为此教师必须严于律己，做好表率作用。

总之，培训师要不断充电，完善自我。培训师只有不断吸收新知识、新信息，补充新鲜血液，才能正确地给学员以指点，顺利地和学员合作，学员才会因培训师无形的人格魅力、知识魅力而乐于与培训师交往，并在培训师的身教影响下乐于求知，积极探索。

九、企业培训师应具备的几个观念

> 学员学到了什么胜过你教了什么。

> 扮演好帮助学员学习的角色。

> 培训师应充分利用本身的资源（知识、能力、技巧、性格、体态语言、经验）。

> 一个好的培训必须有一系列的方法和技巧，让学员学完之后知道如何运用所学的知识。

> 客观的认知自己，好的培训师了解自身的短处

和局限性。

➢ 应以自身的意志力结合外部的资源来提升自己。

思考题

1. 培训项目管理的基本流程？

2. 培训方案的要素包含哪些？

3. 你认为公司或你所在的部门最应该对员工进行哪方面的培训？

第二单元

成人的学习特点与成人的教学原则

员工培训说到底其实是一种成人继续再教育过程。由于成人的生理状态与心理状态与非成年人不同，因此，成人学习的特点也与非成年人不同。分析成人学习的特点，探索成人教学原则是培训师面临的重要任务。成人的学习不同于少年儿童，由于成人在生理和心理方面的成熟程度及他们的社会角色，使得成人有符合自己特殊要求的学习目的、学习条件。成人的学习具有明确的社会目的，成人作为社会中的劳动成员，他们的生产、工作、劳动价值与职业成就直接与社会发生联系，并且与个人的发展、家庭利益密切相关。企业中的员工都是成人，培训师只有掌握成人学习特点、成人教学的原则及对策，才能有的放矢地实施培训工作。

图 2-1

第一节　成人的学习特点及学习的障碍

一、成人学习的特点

成人学习的特点是由成人学习者的特性决定的，成人的生理、心理已经达到成熟状态，并且担负了一定社会责任和义务。他们具有强烈的自我概念，个性鲜明，能够自律、自主和自我负责。成人身份复杂、角色多重、需求各异，作为社会生活、生产实践的参加者积累了丰富的人生经验。成人学习是在已有的知识之上进行的再学习，所以，成人学习目的明确，学习以有用、及时为取向，以解决问题为核心。其学习特点有以下几点。

【特点 1】：有自主管理能力，期望受到尊重。

【对策】：充分肯定学员的努力和成绩，尊重不同价值观。给学员有自我表现的机会，增强其自信心和成就感。

【特点 2】：学习目的明确、主动性强。

【对策】：授课要条理清晰、针对性要强、知识要渊博。

【特点 3】：在学习中喜欢运用过去的经验。

【对策】：要善于利用游戏、案例、讨论、点评、名言产生共鸣。

【特点 4】：记忆力减退而思维能力增强。

【对策】：善于引导，举例、点评、总结。

【特点 5】：感悟力强、参与意识强烈。

【对策】：多样化设计课堂，给学员充分的表现舞台，多提简单问题，互动课堂。

【特点 6】：注重教学效率和实用性。

【对策】：传授与工作相关的知识、技能和理念，帮助学员解决实际工作中的问题。

【特点 7】：成人喜欢在"做中学"。

【对策】：选择角色扮演、实际操作法等教学方法。

二、成人学习与学生学习的区别

成人学习与学生学习的区别见表 2-1。

表 2-1　　　　　　　成人学习与学生学习的区别

项目	成人	学生
目的性	明确	不明确
具体目标	提升技能、解决问题	通过考试
自由经验	有	无
内容	弹性不足	弹性充分
时间	不充分、重点考虑	充分、按部就班
接受度	初期不接受、一旦认同则高度接受	自始至终乐于接受

三、成人学习的障碍

成人学习的障碍指成人所面临的妨碍其参与或有效学习的问题和困难。研究成人的学习问题与障碍，对于促进成人参与学习活动并提高学习成效具有重要意义。

（1）学习的首要条件是注意力、好奇心和兴趣。成人学习典型的障碍有：

➢ 培训课程没有很有意义的目标。

➢ 所学知识不需要，学习针对性不强。

➢ 学员缺乏学习兴趣。

（2）对于培训中传达给学员的知识和信息，一般的障碍有：

➢ 相互矛盾，不连贯。

> 　不同的例证和方式产生不同的意思。

> 　错误的方式：过于理论化，与实际脱节。

> 　用词复杂，语言障碍。

> 　顺序有误，缺乏逻辑性。

（3）在转化为自己的体验和下结论之前，学员必须先对所学的内容进行消化，此过程中的障碍是：

> 　没时间。

> 　没内容。

> 　练习和所学目标之间没有清楚的关系。

> 　方式错误。

（4）如果发生以下情况，学员就无法将自己的体会和结论转化为有用的知识：

> 　培训时所指出的结论与学员自己认为的结论不相同。

> 　学员所涉及的东西与所学的知识之间差距太大。

> 　学员无法将自己的感性知识上升到理性水平。

案例学习

海尔员工培训注重以人为本

　　海尔集团从成立至今，一直贯穿"以人为本"提高人员素质的培训思路，建立了一个能够充分激发员工活力的人才培训机制，最大限度地激发每个人的活力，充分开发利用人力资源，从而使企业保持了高速稳定发展。

1. 海尔的价值观念培训

海尔培训工作的原则是"干什么学什么，缺什么补什么，急用先学，立竿见影"。在此前提下首先是价值观的培训，"什么是对的，什么是错的，什么该干，什么不该干"，这是每个员工在工作中必须首先明确的内容，这就是企业文化的内容。对于企业文化的培训，除了通过海尔的新闻机构《海尔人》进行大力宣传以及通过上下灌输、上级的表率作用之外，重要的是由员工互动培训。海尔在员工文化培训方面进行了丰富多彩的、形式多样的培训及文化氛围建设，如通过员工的"画与话"、灯谜、文艺表演、找案例等，用员工自己的画、话、人物、案例来诠释海尔理念，从而达成理念上的共识。

"下级素质低不是你的责任，但不能提高下级的素质就是你的责任！"对于集团内各级管理人员，培训下级是其职责范围内必需的项目，这就要求每位领导亦即上到集团总裁、下到班组长都必须为提高部下素质而搭建培训平台、提供培训资源，并按期对部下进行培训。特别是集团中高层人员，必须定期到海尔大学授课或接受海尔大学培训部的安排，不授课则要被处罚，同样也不能参与职务升迁。每月进行的各级人员的动态考核、升迁轮岗，就是很好的体现。部下的升迁，反映出部门经理的工作效果，部门经理也可据此续任或升迁、轮岗；反之，部门经理就是不称职。

为调动各级人员参与培训的积极性，海尔集团将培训工作与激励紧密结合。海尔大学每月对各单位培训效果进行动态考核，划分等级，等级升迁与单位负责人的个人月度考核结合在一起，促使单位负责人关心培训，重视培训。

2. 海尔的实战技能培训

技能培训是海尔培训工作的重点。海尔在进行技能培训时重点是通过案例、到现场进行的"即时培训"模式来进行。具体说，是抓住实际工作中随时出现的案例（最优事迹或最劣事迹），当日利用班后的时间立即（不再是原来的停下来集中式的培训）在现场进行案例剖析，针对案例中反映出的问题或模式，来统一人员的动作、观念、技能，然后利用现场看板的形式在区域内进行培训学习，并通过提炼在集团内部的《海尔人》上进行公开发表、讨论，达成共识。员工能从案例中学到分析问题、解决问题的思路及观念，提高员工的技能，这种培训方式已在集团内全面实施。

对于管理人员则以日常工作中发生的鲜活案例进行剖析培训，且将培训的管理考核单变为培训单，利用每月8日的例会、每日的日清会、专业例会等各种形式进行培训。

【想一想】

海尔员工培训注重以人为本体现了成人学习的哪些特点？

第二节 成人培训的教学原则及要点

一、成人培训的教学原则

教学原则是根据教学目的、反映教学规律而制定的指导培训教学工作的基本要求。它既指培训师的教，也指学员的学，应贯彻于教学过程的各个方面和始终。它反映了人们对培训活动本质性特点和内在规律性的认识，是指导培训教学工作有效进行的指导性原理和行为准则。教学原则在教学活动中的正确和灵活运用，对提高教学质量和教学效率发挥着一种重要的保障性作用。

（一）目的明确，重点突出

只要学员有学习动力或目标，在学习时就非常突出和优秀，这对培训计划的实施和培训效果的提高有很大意义。

（1）根据学员学习目标选择教学内容，告知学员培训能有效解决实际问题，不断激发学习动力。

（2）保证学习材料对培训师和学员都有价值和意义。

培训师应该把学习重点和内容安排在学员第一印象和第一则信息中。值得推行的就是培训师把培训的要点和脉络作为课程提纲，在培训开始时推出，让学员获得第一印象。

（1）培训刚开始时，学员都会比较认真，开场比较重要，要生动有趣，明确重点。

（2）让学员清楚了解学习方向和课程进程。

（二）及时反馈，注意强化

成人记忆力减退，以此培训师不能采用满堂灌的方式进行教学，要留给学员一定的自由时间在课堂上消化学习内容。课堂上要随时注意学员的信息反馈，及时调整教学方法。

总结、重复、演练、练习是强化学员记忆的有效方法。每个阶段结束，及时总结回顾。实施必要的重复、演练及课后练习。练习指的是重复学习和意向再现，最好的记忆方法就是重复。通过练习，不断重复学习的信息和内容，提高学员短时间内记忆的可能性和成功率。

（1）让学员重复与练习的内容越多，记忆的信息就越多。

（2）频繁提问和鼓励学员经常练习和重复学习。

（3）训练学员自己做总结和练习。

（4）给予学员实践和练习的机会，回忆培训中涉及的内容。

实践证明：缺乏练习和训练的培训，学员在 6 小时内忘记所学内容的 1/4；24 小时忘记 1/3；1 个月内忘记 90％以上。

（三）多种方法，双向沟通

在整个学习过程中，多途径的信息传递，能使感官得到更多样化的刺激，使学员对所学习的知识有全方位的了解，更加深印象。所以，在培训的全过程中，综合运用案例、经历、游戏、录像、图片、演练等效果会更好。

培训过程应该是双向的互动交流，不是单向传授：

（1）培训师肢体语言也是双向沟通的重要内容，肢体语言必须与叙述相配合。

（2）在培训方案中要加入与学员互动交流的设计与安排。

（3）学员说或做的正确时，要给予正面反应和评价。

（4）肯定和表扬不是反应的全部，缺少否定意见的反应是不完整的。

（5）培训过程多提问与多做实践性练习。

（四）尊重学员，相信自律

注意听取学员需求，随时调整自己的教学，态度谦逊，充分肯定学员的努力和成绩，尊重不同价值观。给学员有自我表现的机会，增强其自信心和成就感；在做评估或测试时，设法消除学员害怕挫折的情绪。

（五）结合经验，引导学习

成人从事任何事情都是以自身经验为基础的，这是成人学习者与青少年学生的重要区别。成人学习者大都已参加工作，他们在工作和生活过程中积累了丰富的经验。成人无论学习什么样的内容，采取什么样的学习方式，以及对自己的学习结果如何评价，都以其已有的经验作为前提和参照。培训师课程设计前，必须知道学员过去所从事的工作及其所取得的经验。教学设计时，提供更多的案例和成功经验，激发学员回忆已有的知识。在教学方式上，利用学员已有的经验，引导学员自己发现问题、解决问题。

（六）内容精炼，注重实效

从本质来讲培训主要人群是成人，而成人学员没那么多时间，也没那么多好心情来听培训师絮叨那些用不上且太冗长的东西，所以选择培训内容时，内容少而精，突出重点，要实用性强、与工作生活紧密联系、可以快速理解和掌握，能在实践中用上一二才好。

以上原则适用于成人教育和培训，要求培训师培训前尽量做好充足的培训需求调研，尽可能掌握学员信息，如学员工作单位情况、工种、学员职务、学员学历层次；学员对此次培训的希望与目标。另外培训师在课堂教学目标设定、教学内容选择、案例选择、教学方法选择与运用等方面也要综合考虑以上成人学习原则。教学原则在一定程度上决定了教学内容、教学方法与手段、教学组织形式的选择。教学原则确定之后，对教学活动中的内容、方法、手段、形式的选择，都有着积极而重要的作用。

从总体上说，成人学习一般要遵循下述规律。第一阶段是激发对过去的经历的回忆，让学习者回头想想自己以前做了些什么，是在什么情况下运用什么方法做的。第二阶段，启发学习者对这些经历进行反思，检讨这些经历的成功与失败之所在，看看他们以前做得怎么样。第三阶段就要引导他们着力去发现自己还缺少哪些引导成功的理论、方法和技能，即确定他们自己应该学习些什么，也就是明确学习目标。第四阶段才是进入学习理论、技巧、方法和工具的过程。第五阶段则要将新学的内容进行类比运用，包括练习、实验、写作学习报告或论文等。依次经过这样几个阶段之后，才能说完成了一个简单的学习过程。而实际的学习，则需经上述五个阶段的不断重复、提高才能实现。从这一规律中显而易见，成人学习与其说是由培训师教会他们学习，还不如说是他们自己学会如何学习，自己在对以往经验的反思和领悟中学习。

图 2-2

二、成人培训中需把握的几个要点

图 2-3

（一）成年人有自主管理能力，培训师应充分尊重学员，发挥学员的学习主动性

（1）成年人在某个方面形成了自己的看问题或解决问题的方法，成年人想用他们已经知道的东西去检验培训班的培训内容。应鼓励他们提出各种来自于他们自身经验的问题。

（2）成年人谁也不愿意被人看成蠢材，他们在任何情况下都不想出丑。所以，培训师要维持他们的自尊（在培训班的每时每刻）是至关重要的。

（3）要忽略错误，取消一切形式的惩罚。对学员只能加以鼓励，强制压不成学习。事实上，在成年人学习的过程中，有些错误是不可避免的，而不是培训师是否允许其发生的问题。错误造成差异，而差异会促进学习。

（4）要提高学习培训的质量，必须有步骤地顺序提供学习材料。这样，成年人在自己学习过程中会逐步理解，并逐渐掌控整个学习任务。

（二）成年人把培训学习视为一种达到目的的手段，而不是把学习本身当成目的

成年人的学习往往更加功利，他们只学他们想学的，只做他们想做的。确保培训班能提供一些有用的知识，这些知识与学员的当前需要直接相关。成年人的思想是现实的，他们想聚焦于当前的问题，而不是那些将来或许有用的东西。

把本期培训班的目的、效果和计划进程，都告诉学员。成年人一旦觉得在浪费时间，他们将失去耐心。他

49

们必须搞清楚这段培训的时间里有什么内容。

经常总结和回顾，进行积极的肯定的评价。成年人想看看自己正在和已经取得了什么进步。

（三）成年人喜欢在"做中学"

成人学习是一种参与式的学习。成人学习的过程是一种自我导向、自我控制的学习过程。

有人把人的五种感官和实践，形象地比喻为通向大脑的六个通道，而这其中又以实践和视觉最为重要。所以，英国有句谚语："你听见了会忘记，你看见了就记住了，你做了就明白了。"听、看、做，是学习的最佳的结合。培训中，成年人必须投入其中，致力于进行练习和完成任务，他们需要通过实践自己发现解决问题的方法。

 **案例学习**

创造出属于自己的培训模式

企业培训师的培训模式直接影响到培训效果，传统的"老师讲，学生听"的模式在企业培训方面效果一般。但凡优秀的企业培训师都会有自己一套培训模式，对于刚从事培训师工作的企业培训师可以复制优秀的培训模式，最好的当然是可以创造出属于自己的培训模式。

加拿大大型零售商企业培训案例

加拿大最大的百货公司连锁店的迈克·亚当斯运

用了"学习者就是创造者"的思想，使培训第一线管理者的时间从 2 天缩短到 4 小时，效率提升了，培训的效果也大幅度提高，管理者与员工关系得到改善、生产能力也得到大幅度提升。这名培训师是怎样做到的呢？

第一步：在课程开始，发给每位学员纸张，让他们制作纸飞机。

第二步：让学员在空旷的地方放飞纸飞机，然后让他们站在飞机的着陆点上。并记住飞的最远的人，他们被称为"专家"。

第三步：飞机飞的近的人要选择一名"专家"帮助他们制作一个更好的纸飞机，并记住"专家"的指导。

第四步：那些被指导过的学员放飞新飞机，当然他们这次的成绩会很好，因为他们接受了专家的指导。

第五步：把学员分成小组，各小组根据成员经历任意构建一个管理模式。

第六步：各个小组将他们的管理模式展示给所有学员，然后整合这些模式使其变成一个全体学员都可以接受的管理模式。

第七步：运用这个模式进行角色表演。然后全班学员做一个与此模式相关的工作指导并带到自己的工作中。

第八步：根据上面的管理模式，每个管理者制定一个解决工作中棘手问题的工作方案。小组讨论选出最佳的解决方案，并在日后的工作中执行这项方案。

事实证明，群众的智慧是最伟大的，由于他们来自第一线，有丰富的一线工作实战经验，在这方面企业培训师可能会不如他们专业，如果这时候给他们讲一些理论或者大道理是得不到学员们的认可的，也是不能解决问题的。在这种情况下，企业培训师可以大胆地去让学员发挥他们的所长，探索具有可行性的方法。

这个时候有人可能会问："方法是学员想出来的，那要企业培训师还有什么作用呢？"回答是：错，而且是大错特错！根据这种场景打个比喻：学员无法解决问题就好像迷路了，想找到解决问题的那条出路，这时候企业培训师就是那盏指引学员找到出路的灯塔，虽然路是他们自己走的，但如果没有灯塔的指引他们仍是在原地打转。这种情况下能说灯塔是没用的吗？

【想一想】

请总结出案例中的培训模式运用了哪些成人培训的观点？

思考题

1. 简述成人的学习特点？
2. 简述成人的教学原则？

第三单元
培训师教学设计

培训师的教学设计要根据培训项目培训方案的要求，将之细化为具体的培训计划和实施过程，是培训师在真正培训教学前的一次头脑中的模拟授课。教学设计的输入是培训方案，输出是教案或单元教学设计，以及相应的课件、复习思考题及考核项目。

图 3 - 1

　　教学设计也称培训备课，是根据培训目标、课程内容和学员的具体情况设计和编写教学方案（简称教案）的过程。备课是课堂教学的起点和基础，是决定课堂教学质量高低的重要一环，也是课堂教学艺术的重要组成部分。在备课中要始终明确备课的目的是让学员更好地学习，是为学员学习而准备，学员才是真正的主人，不是为培训师自己好教而备，要把"为学员学习而设计教学"作为备课的目标。"为学员学习而设计教学"意味着不能仅仅考虑培训师教得方便，教得精彩，教得舒畅，而是应把学习和学员作为焦点，以教导学，以教促学。所以，要狠抓"让每一堂课充满活力，让每一个学员成为学习的主人"这一重点。

但怎样备课才是有效的，值得认真探讨。

备课是将培训师已有的素质变为现实教学能力的过程，是培训师内在素质的"外化"，是对教学内容进行钻研和处理的一次重新"编码"的过程。培训师在上课之前，总是要研究培训方案，根据培训方案制定的培训目标和课程大纲，选择教学内容，确定教学目标，考虑学员的学习方法，确定培训师的教学方法，设计教学过程，制作多媒体课件或教具，设计课堂练习，把这些内容写出来的过程就是备课。其中，教案是备课的重要标志性成果。下面我们就从上述几个方面进行介绍。

第一节 培训目标与内容设计

一、明确培训目标和课程大纲

培训目标是指培训项目（培训活动）的目的和预期成果。培训目标是建立在培训需求分析的基础上的，培训需求分析明确了受训人员所需提升的能力，据此确定具体且可评价的培训目标。培训课程大纲是在明确了培训目标和培训对象之后，培训组织者对培训内容和培训方式的初步设想，大纲给具体的培训课程定了一个方向和框架，整个培训课程将围绕这个框架进行充实和延伸。如，切西瓜、切冬瓜、切土豆和切洋葱就是"家庭厨师刀工培训班"的课程大纲。切西瓜、切冬瓜、切土豆和切洋葱这四个课题都可以作为独立的课程单元，提供给培训师进行课程设计。培训师张三老师就从培训部门那里领来了"切西瓜"课题的教学设计任务。

（一）培训目标的分类

根据不同的分类标准，培训目标可以分为不同的类型。

按层级培训目标可分为培训项目总目标、课题单元培训目标两个层级。要想彻底搞清这几个概念，有必要讲清"培训目的"和"培训目标"的区别和联系。"培训目的"一词的涵义往往与企业的主观愿望等同，通常指企业为提高企业绩效，在培训领域给培训组织部门提出的一种概括性的总体要求，因此它是一种应然状态的理想，一种方向、指针，而且还隐含着有可能无法实现的意思，时间跨度也比较长。培训目标是指培训项目预期达到的结果或标准。"目标"的英文单词是 Objective，原意是流水线上生产出的产品，也就是说培训目标相对于培训目的来讲更加具体，培训目标是培训目的的具体化。具体到我们刚才提到的"培训总目标"，它和培训项目相对应，是一级目标，较抽象；"课题单元培训目标"和一个课程单元或课题相对应，是总目标的分目标，是二级目标，比总目标更具体。

培训目标从性质上可分为两种类型：一种是定量目标；另一种是定性目标。定量目标是可以用数字明确下来的目标。例如，"2 分钟内把一个 Excel 文档拷贝到

Word 文档中"。定性目标是用变化的趋势来表现培训达到的目标。例如，能够运用恰当的管理方法实现共赢沟通的结果。

选择定性目标还是定量目标，要根据实际情况来定，并不是每个目标都能做定量化处理。在课程实施中，由于培训结果本身会受到很多环境影响和条件限制，有些目标注定不能通过定量的方式进行检查，这也是培训部门在企业中很难体现业绩的根本原因。

（二）培训目标的构成和格式

培训目标一般有四个要素组成。

（1）培训谁：即培训项目的培训对象。

（2）条件要素：在什么条件下达到这样的标准。

（3）标准要素：即做到什么程度，其界定必须清楚明确，使员工在培训中有明确的努力方向。

（4）内容要素：企业期望员工做什么事情。可分为三类：一是知识的传授；二是技能的培养；三是态度的转变。

你可以用下面的句式书写培训目标。

定量目标：培训后，（谁）在（什么条件下），（什么标准），（做什么）。

定性目标：培训后，（谁）在（什么条件下），能够运用（什么标准），掌握/实现/达到（什么内容）。

➤ 定量目标示例

在对商店的售货员进行的顾客服务培训中，培训目标就应当这样设置：培训结束后，售货员（谁）应当能

59

够在不求助他人或者不借助资料的情况下（条件要素），在半分钟到 1 分钟之内（标准要素），向顾客解释清楚产品的主要特点（内容要素）。

> 定性目标示例

在对新上任的基层管理人员进行沟通培训时，培训目标就应当这样设置：培训结束后，基层管理人员（谁），在管理团队时（条件要素），能够运用恰当的管理方法实现（趋势性标准要素）共赢沟通的结果（内容要素）。

"家庭厨师刀工培训班"培训目标示例

"家庭厨师刀工培训班"培训总目标

培训结束后，家庭厨师（谁），能够运用课堂上学过的基本技巧掌握（标准要素）切菜、切水果的基本方法（内容要素）。

"家庭厨师刀工培训班""切西瓜"课题单元培训目标

培训结束后，家庭厨师（谁），徒手用西瓜刀（条件要素）一刀均匀地（标准要素）将一个西瓜切开（内容要素）。

（三）培训目标的作用

培训目标是培训方案实施的导航灯。有了明确的培训目标，对于培训师来说，才能确定单元课程的题目和教学内容，积极为实现培训目标而教学。相反，如果目的不明确，则易造成培训师、受训者偏离培训的期望，造成人力、物力、时间和精力的浪费，提高了培训成本，导致培训的失败。具体来讲培训目标有以下几点作用：

（1）它能结合受训者、管理者、企业各方面的需要，满足受训者方面的需要。

（2）帮助受训者理解其为什么需要培训。

（3）协调培训的目标与企业目标的一致，使培训目标服从企业目标。

（4）可使培训结果的评价有一个基准。

（5）有助于明确培训成果的类型。

（6）还能指导培训政策及其实施过程。

（7）为培训的组织者确立了必须完成的任务。

二、课程命名

常言道："看书先看皮，看报先看题"，"课程单元培训目标"有了以后，就需要给课程起一个响亮的名字，也就是课程得有一个"题目"。这对初级培训师来讲是较困难的事，表3-1是刚入门的培训师命名的一些课程名称，不知大家看了以后，有何感想，是不是觉得提不起兴趣来。给课程命名就像给小孩起名，既是技术活也是艺术活，那么给课程命名有没有一般性的规律可循，下面给大家介绍课程命名的一般方法。

表 3-1　　　　　　课程命名的一般方法

序号	课程名称
1	企业宣传摄影

序号	课程名称
2	切西瓜技巧讲解
3	时间管理
4	基金知识入门
5	如何把握客户需求
6	PPT 制作技巧

经常被学员问到，先有培训目标还是先有课程名称？我想有了前面的叙述，已经有了答案。当然是先有培训目标，后有课程名称。培训目标是课程的灵魂，课程设计的目标是为了实现培训目标。一个好的题目必须对学员有用、有好处，也就是有价值，说到底，最终的价值就是课程能够实现培训目标，价值是课程名称应该具有的第一个要素。在课程名称中加入"赢""成功""高绩效""高效能""学会"等价值感强的词语，会直接地体现出课程对于学员的价值。例如，"赢在执行""一分钟成功""打造高绩效团队""30 分钟教给你学会写消息"等。

再好的培训目标，必须通过培训内容体现出来，为了达到既定的课程单元培训目标，必须给课程匹配相应的教学内容，从而来保障培训课程的针对性和有效性，内容是课程名称中的第二个要素，它让学员清楚地知道这门课会讲什么。可以在课程名称上直接体现课程内容，例如，"公文处理常见问题""现场带电更换电能表"。另外，在内容描述时使用数量，会增强学员的记忆从而扩大学习效果，例如，"卓越电力员工的 18 种精神""30 分教给你写消息"等。

学员是否有兴趣听一门课程，要考虑的第一问题是：和我有关系吗？最能引起学员兴趣的就是在设计课程名称时，直接体现课程与学员关系，就是在课程名称中包含学习对象的名字，常见的是在课程命名中包含学员的类型和岗位，例如，"营业厅引导员接待礼仪""企业信息员消息写作"等。对象是课程命名的第三个要素。

价值、内容、对象是课程命名包含的三个要素。运用这三要素可以形成多种组合的课程名称。第一种，直接用课程内容作为课程名称。这样的命名方式简单直接，让学员能够一目了然地知道课程讲授的内容是什么，适合受众面广或全员必修课程。第二种，"对象＋内容"的命名方式。命名时将受众对象写在前面，课程内容写在后面，这种命名方式更好地体现了课程内容与学员之间的关联，适合同一岗位或同一工作类型的课程。第三种，"对象＋内容＋价值"的命名方式。通过课程名称体现三要素，这样的命名较前两种更能凸显课程的卖点，是目前比较流行的命名方式。第四种，双标题命名方式，双标题命名方式中，前面的名称称为"引题"，它主要突出课程的价值和亮点。后面的名称称为主题，它主要体现了课程的受众对象和课程内容。双标题命名由于其层次清晰和组合灵活的特点，已经被越来越多的培训师广泛使用。开篇时我们举例说明的"切西瓜技巧讲解""基金知识入门"两个例子可以按双标题模式修改为："一刀制胜——30分钟教你学会均匀分西瓜""财富密码——基金基础知识入门"。

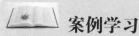 **案例学习**

企业通讯员消息写作课程命名

　　×企业是一家大型电力企业，随着公司品牌建设的需要，如何利用兼职通讯员写好消息，成为公司中非常重要的一件事情。经过需求调研，兼职通讯员有三大困惑：一是不会写；二是写不好；三是上稿率低，仅为20%。培训部门确定的培训目标是"培训结束后，企业信息员，能够运用倒金字塔写作方法编写消息，提高上稿率到50%以上。"为了实现培训目标，×企业计划开发一门"企业通讯员消息写作"课程。在课程开发过程中，如何能为课程起一个响亮的名字，让课程设计人员犯了难。他们利用三要素法列出了四种格式的课程命名，如表3-2所示。

表3-2　　　　　　课程命名结果

内容	消息写作技巧讲解
对象＋内容	企业通讯员消息写作
对象＋内容＋价值	30分钟教你学会写消息
双标题	从写作要领入门——30分钟教你学会写消息

三、教学内容

课程单元的培训目标和课程名称确定以后，下一步就是给课程搭配教学内容。培训师给学员授课，就像给患者看病一样，培训师诊断出了学员病情（问题），要想给学员看好病（实现培训目标），必须给学员开"药方"。这里所说的"药方"，就是为实现培训目标，所需搭配的教学内容。搭配教学内容，要便于学员理解和记忆。

（一）设计教学结构，便于理解

搭配教学内容之前，培训师应先问自己三个问题：是什么？为什么？怎么办？以"从写作要领入门——30分钟教你学会写消息"的课程为例，"是什么"就是教学内容，即课程的标题；"为什么"就是培训目标，"培训结束后，企业信息员，能够运用倒金字塔写作方法编写消息，提高上稿率50％以上"；"怎么办"就是为实现培训目标，教学内容如何展开。设计教学内容之前，要先全面系统地思考，提炼出课程框架，即我们所说的课程结构。

课程结构也叫课程提纲，课程结构是什么，通俗地说，它有三层含义。一是把整体划分成若干部分，人的思维或认知形式一般都是先整体，后部分，所以在设计课程结构时，要符合这个规律。二是各部分按内部联系进行排列，符合事物发展的逻辑顺序。三是将课程内容划分出谁是重点、难点。掌握了这三点，我们对课程就有了一个整体的把握。设计课程结构时，要先设计课程结构的主干，后添加枝节，主干一般就是课件的目录部分，如图 3-2 所示，这是课程"从写作要领入门——30 分钟教你学会写消息"的目录部分，也是课程的"主干"。课程结构的主干可以按组成、分类、方法、流程、递进关系等方式进行设计，培训师可以根据课程内容的内在逻辑选择相应的结构形式。

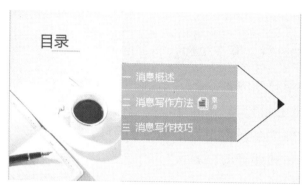

图 3-2

1. 搭建课程主干

（1）按组成设计。利用事物的组成来设计结构，常见于产品类、知识类课程。洗衣机是利用电能产生机械作用来洗涤衣物的清洁电器。按其额定洗涤容量分为家用和集体用两类。中国规定洗涤容量在 6 千克以下的属于家用洗衣机，家用洗衣机主要由箱体、洗涤脱水桶（有的洗涤和脱水桶分开）、传动和控制系统等组成，有的还装有加热装置。"家用洗衣机介绍"属于典型的知识类课程，该课程的结构是按照家用洗衣机的各组成部分来建立的，如图 3-3 所示。人的能力往往有多个能力项构成，讲解人的能力类课程有时也用"组成"的方式进行设计。例如，领导者作为一个组织正常运作和发展的发动者和推动者，承担着繁重的组织领导和管理工作。他们的素质如何，直接关系到组织领导和管理工作的成败。"领导者应具备的素质"课程就是按"构成"的方法进行设计的，如图 3-4 所示。

图 3-3

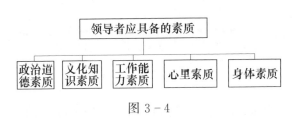

图 3-4

（2）按分类设计。一个事物或活动往往分成好多种类，按分类也就是按事物的种类建立结构，它一般适用知识类课程。例如，在电力系统中，输电线路根据线路巡视的不同目的，可将巡视分为定期巡视、特殊巡视、夜间巡视、监察巡视、故障巡视五个类别，"架空输电线路巡视"课程就是按巡视的分类来搭建课程结构的主干的，如图 3-5 所示。

图 3－5

（3）按方法设计。解决一个问题可以有不同的方法和不同的角度，按照这种方式搭建的结构，我们称为依据方法建立结构。

为解决自上而下沟通过程中的障碍，实现领导与下属之间的顺畅沟通，"与下属沟通的五个方法"课程，以领导与下属沟通中的关键问题为切入点，从五个方面的心理学方法入手，搭建了课程结构，如图 3－6 所示。

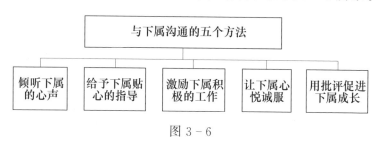

图 3－6

（4）按流程设计。按流程也就是按解决问题的时间或步骤建立结构，它适用于操作类的课程。例如，在"如何炒土豆丝"这门课程中，培训师就是依照步骤来设计的课程结构。如图 3－7 所示。

图 3－7

再比如，"低压绕越计量装置窃电查处技术"实操课程中，也是按窃电处理的步骤来搭建课程结构的主干的，如图 3-8 所示。

图 3-8

（5）按递进关系设计。事物的一般讲解顺序有两种形式。一是先讲概念，再讲构成、分类、原理，最后讲知识的应用。二是先介绍现象，再介绍原因，最后再介绍应对措施。从本质上讲，这两种形式都是按照由浅入深，由表及里，层层递进的关系进行讲解的，这是最常见的课程结构主干的设计形式，一般适用于知识类课程。例如，我们前面介绍的"从写作要领入门——30 分钟教你学会写消息"课程就是按照"一、消息概述；二、消息写作方法；三、消息写作技巧"层层递进关系设计课程结构的主干的。

以上五种搭建课程"主干"的方法，体现了课程结构设计的总体方向，但是在实际的课程开发过程中，在解决主要问题的时候，往往还需要介绍问题发生的背景、问题的定义、问题的原理等知识性的内容，这些知识对课程主题的展开起到了说明、铺垫的作用，不先介绍这些知识，后面的主题就很难展开。例如，"低压绕越计量装置窃电查处技术"实操课程中，课程培训目标是"培训后，用电检查中级工，能够运用反窃电技术，准确识别窃电点，锁定嫌疑用户，依法查处窃电行为"，但是学员接触这个课题后，第一时间会产生若干疑问，什么是低压计量装置？什么是绕越？什么是低压绕越计量装置窃电，这些问题不解决，后面的课程就很难再听下去了。对于这部分内容，培训师可以放在如图3-9所示的分支机构中，作为课程的前置内容供学员了解，这些内容一般会放在课程导入部分讲授，但由于属于前置内容，因此所用的时间相对重点内容会少很多。从局部看"低压绕越计量装置窃电查处技术"课程属于"流程式"结构，从整体看属于"递进关系式"结构。

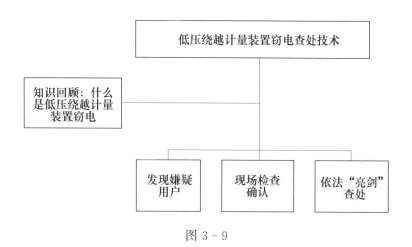

图 3-9

2. 添加枝节部分

主干一经确定，以"主干"为本，再添加"主干"下的"枝节"部分，也就是列举出每个大标题下的下一级标题，一级一级地往下写，直至文字部分为止，如图3－10是"从写作要领入门——30分钟教你学会写消息"课程添加"枝节"后的结构框图。

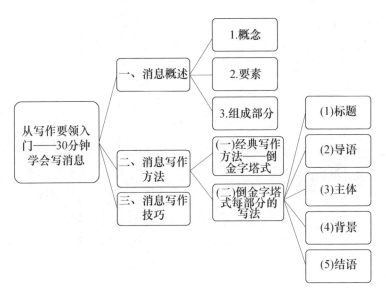

图 3－10

3. 确定重点和难点部分

我们按"先主干后枝节"的顺序，确定了课程的框架，至此课程结构设计任务并没完全结束，接下来还需在"主干"或"枝节"部分设定课程的"重点"和"难点"，那么什么是课程的重点和课程难点呢？

课程重点是指教学内容的核心，是教学内容中所渗透的基本思想、主要观点、科学概念、实践要领等；课程难点是指教学内容中学员难于突破，难于接受、理解和掌握的思想、观点、概念及操作方法等。上述"写作要领入门——30 分钟教你学会写消息"课程框架中，"二、消息写作方法"是课程的重点，"（二）倒金字塔式每部分的写法"中的"（1）标题、（2）导语"两部分是课程的难点。设定课程重点和课程难点的课程结构见图 3－11。

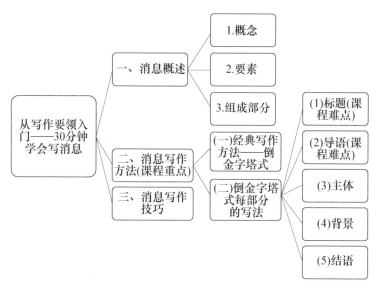

图 3－11

课程的重点与难点，既有区别又有联系，有时难点不一定是重点，重点也不一定是难点，有时两者又是相统一的。

课程重点具有相对稳定性，因为教学内容的知识和技能体系具有相对稳定的内在逻辑联系，深入领会和掌握课程重点的这一基本特性，有助于避免和克服确定课程重点中的盲目性和随意性，从而有助于正确确定课程重点。

　　课程难点在一定程度上取决于教学内容，然而它主要取决于教学中处于主体地位的学员和在教学中起主导作用的培训师，即主要取决于培训师和学员的素质和能力。难点包括学员难学和培训师难教两方面因素，或是由于学员难学导致培训师难教，或是由于培训师难教而造成学员难学，两者往往是相互影响、相互制约的。例如，对同一项培训内容，有的培训师较易讲清楚，不成为难点；而有的培训师较难讲清楚，成为难点。同样，对同一项培训内容，由于参加培训的学员素质和能力不同，有的学员一听就懂，不成难点；而有的学员对此一无所知，那就成为了难点。因此，教学难点具有相对的不稳定性。深入领会和掌握课程难点的这一基本特性，有助于克服确定课程难点中的盲目性和固定性，从而有助于正确确定课程难点。

　　刚才我们遵循"先主干后枝节，再确定课程重点、难点"的顺序确定了整个课程结构，这个课程结构为培训师备课确定了方向，它对培训师自身和课程都十分重要，它是保障培训师备课成功的基础。

（二）素材

　　在备课中，教学目标确定了，课程结构定好了，剩下的就是要找相关的素材。如果把一个课程比作一个人，培训目标是人的意识，结构是骨架，素材就是血肉了。

　　培训师授课，从本质上说就是要向学员讲"道理"，即使是操作类课程，学员在学会某项技能外，在记忆中，能够回想起来的还是一些操作要点、工艺要求、安全注意事项等，这些就是培训师灌输给学员的"道理"，培训师在给学员讲"道理"之前，必须有理有据，也就是道理从何而来，这就需要培训师查资料、找案例，这些我们统称为素材。

素材的含义很广泛，能支撑培训中观点的，让学员感兴趣的，都可以作为培训中的素材，如规章制度、文件、规程、规范、教科书、视频、图片、笑话、案例、游戏、故事等。这些素材怎么找，这是大家感到困惑的问题，下面介绍一些搜集的思路。

首先，找到合适的参考对象——如图书。一般来说，常见的培训话题，都会有很多相关的书目。以培训"题目"为关键字，挑选数量尽可能多的合适的图书作为课程背后的知识库。

其次，网上搜集。在浏览器的地址栏中输入要搜集的关键字，就会查询到大量相关的资料，这些资料中，有外部知名培训机构提供的公开课程和内部培训课程；有相关课程资料的 PPT 文件；有名人专家对该问题的看法。除在浏览器的地址栏中输入要搜集的关键字外，利用百度文库、微盘、新浪爱问等工具，也能让你很容易地找到很多培训资料。

最后，资料的归纳整理。上面找到的众多资料，为我们设计课程提供了一个良好的借鉴和参考。许多培训师以为找到了设计课程的捷径，直接照搬其他著名培训师或知名企业的培训课程，或者是大段抄袭，把题目或标题简单改头换面就变成自己的了。这种照葫芦画瓢，图省事的办法，当时省事不少，以后麻烦很大。因为这些教材都包含着设计者自己独特的风格特色，针对特定的环境和情景，渗透着设计者自身的切身经验体会等，里面的很多东西是无法"借鉴"的，如果不了解这些背景，刻意地模仿，在讲课时难免就会出现鹦鹉学舌、生涩虚假的情况，让培训师和学员都倍感拘谨不自然。比较科学的方式是采用古人学习西学的方法"中学为体，西学为用"，对这些课程批判地继承，以自己的课程结构为纲，借鉴外部资料，把外部资料的优秀观点进行汇总、提炼，加工成自己的观点，这个观点既不是张三的也不是李四的，它有培训师自己的思考，要用自己的语言无缝的衔接，变成自己的东西，再加上本行业、本企业及发生的案例故事进行佐证，这样的企业培训内部课程特色就有了。

（三）包装内容，便于记忆

上面介绍了如何设计课程结构，让知识更好理解，下面来分享如何包装内容，让其生动形象好记忆。包装内容常用的有三种方式。

1. 英文组合

英文组合是指用英文单词中的字母组成容易记忆的缩写，一般较多使用单词的首字母。例如，质量改善的PDCA循环，Plan（计划）、Do（执行）、Check（检查）、Action（反馈）。

2. 巧用数字

在要记忆的内容上添加数字，往往能够增强记忆效果。例如，一个中心、双向交流、三个关系等。另外，用一组富有顺序的数字组合给记忆的内容命名，也可以较快地记住较多的教学内容。

 **案例学习**

培训师课堂授课应掌握的原则

1. 一个中心。培训区别于教育的重要特征是，永远以学员为中心，最终要落实到学员身上，称为"一个中心"。

2. 双向交流。培训一定是双向互动的，单项传输只是演讲、讲座。培训要把内容传达给学员，学员做出反馈，呈现培训效果。

3. 三个关系。培训师授课，在课堂上要处理好培训师、教学内容、学员三者之间的关系。

整理后，原课程名称改为：培训师课堂授课的123原则。

3. 心法口诀、诗歌诗词

心法口诀、诗歌诗词由于短小精悍、朗朗上口、形象生动，利于人们记忆。例如，我们小学时学过的乘法口诀，李白的《静夜思》五绝小诗，想必大家随时都能脱口而出。

案例分析

"从写作要领入门——30 分钟教你学会写消息" 课程总体内容的包装

在"从写作要领入门——30 分钟教你学会写消息"授课实施过程中，培训师首先简要向学员介绍了消息的概念、消息的六个要素、重点讲解了倒金塔式的经典写作方法，倒金字塔式包括标题、导语、主体、背景、结语五个部分，最后介绍了消息写作的七个技巧。在总结完本节课的主要内容后，培训师将课程的主要内容编成了口诀帮助记忆，如图 3 - 12 所示。然后和学员一起复述口诀，进一步加深了学员对主要培训内容的印象。本案例应用了数字和心法口诀两个技巧。

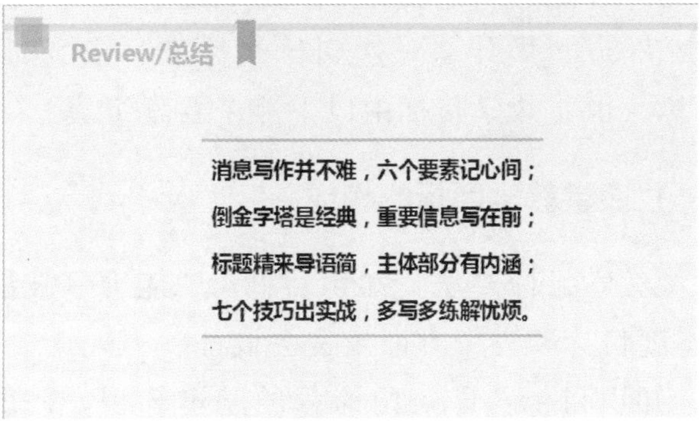

Review/总结

消息写作并不难，六个要素记心间；
倒金字塔是经典，重要信息写在前；
标题精来导语简，主体部分有内涵；
七个技巧出实战，多写多练解忧烦。

图 3 - 12

四、设定课堂教学目标

前面我们介绍了如何设定课题单元培训目标，也据此设计了课程结构，确定了教学内容的基本方向，下一步就可以设定课堂教学目标了。课堂教学目标是课题单元培训目标的具体化，是培训师为贯彻培训目标，学员在课堂上应达到的目标和标准。

课题单元培训目标属于宏观教学目标，它所描述的是学员运用所学技能和知识的现实情景。课堂教学目标是对学员完成一个单元的教学后能做什么的确切描述，表现的重点情景是课堂环境，而不是现实情景。课堂教学目标是在培训过程中，能够看到的显性化成果，可以通过测试和练习的方式检验。课堂教学目标有助于学员确认培训后应得到的结果，有助于培训师和学员对培训过程做出客观评价。

总之，课题单元培训目标是关于工作环境中学员能做什么的陈述，课堂教学目标是学员在学习情景中能够做什么的一种陈述。通俗地说，在课堂上，"以什么标准做什么"或"做什么，达到什么标准"，这就是课堂教学目标。课堂教学目标由以下三个要素组成。

（一）课堂教学目标的构成

课堂教学目标要从"知识目标""能力（技能）目标""态度目标"三个方面出发去设计。

> 知识目标：即每门课程的基本知识，一般指完成一个教学任务所需了解的概念、分类、组成、

原理等。

> 能力（技能）目标：学会发现问题、思考问题、解决问题的方法，学会学习，形成创新能力和基本技能。

> 态度目标：让学员形成积极的学习态度、健康向上的人生态度，具有科学精神和正确的世界观、人生观、价值观，成为有社会责任感和使命感的社会公民。

（二）课堂教学目标的书写格式

"课堂教学目标"是预期的、在课堂上学员行为变化的结果，是用"学员以什么标准学会了什么"来描述的，通常是可观察、可明确界定、可评价的，而且还有时间、情景等条件限制，是课程单元培训目标的具体化，是三级目标。表述课堂教学目标应具备四个基本要素：

> 主体，主体必须是学员而不是培训师，人们判断教学有没有效益的直接依据是学员有没有获得具体的进步，而不是培训师有没有完成任务。一般在写教学目标的时候行为主体可以省略。

> 条件，条件指影响学员产生学习结果的特定的限制或范围。如"通过收集资料""通过观看影片……""通过本课学习"，行为条件一般可以省略。

> 行为，即"做什么"。一般情况，使用动宾结构的短语来描述"行为"，其中动词是一个行为动词，它表明学习的类型。常见的词语有背诵、描述、改写、列举、归纳、判断等。

> 标准，即"做到什么程度"。它是学员学习之后产生的行为变化的最低表现水平，用以评价学习表现或学习结果达到的程度。

课堂教学目标的书写，可以参照以下格式。

培训后，学员在（什么条件下），能够运用／（什么标准），完成（什么任务）。

知识目标常用的行为动词格式：描述……、陈述……、说明……、识别……、背诵……、复述……等。

能力目标常见的行为动词格式：运用（什么标准），完成/掌握/实现（什么）。

态度目标的一般格式：转变……情绪，提高……意识等。

案例学习

"从写作要领入门——30分钟教你学会写消息"课程的教学目标

知识目标：通过学习本课程（条件），能够准确（标准）背诵出消息的六个要素和组成部分（行为）。

能力目标：①给出一篇消息，能够准确找出消息的五个要素；②能够熟练运用倒金字塔写作方法，在30分钟内容撰写一篇消息。要求要素齐全，主题突出，详略得当。

态度目标：转变对消息写作的畏难情绪，通过认真听课和刻苦训练，学会消息的写作方法，以饱满的热情积极投身新闻宣传工作。

（三）课堂教学目标的制定原则

"课堂教学目标"制定原则有两点：

（1）课堂上能实现。指的是所设定的检查标准要在课堂上能够完成，课堂上并不仅限于本节课，培训师授课是一个连续的过程，学员要想学到知识，并形成能力需要一个连贯的学习过程，知识目标和一些简单的技能目标往往本节课就能实现，复杂的技能目标往往需要若干个课时才能奏效。比如"准确背诵出消息的六个要素和组成部分"（知识目标），"给出一篇消息，能够准确找出消息的五个要素"（技能目标），这两个目标都能在本节课实现，但是，"能够熟练运用倒金字塔写作方法，在30分钟内容撰写一篇消息。要求要素齐全，主题突出，详略得当"（能力目标），在本节课就不可能完成，它需要课后做作业和不断的反复练习，才能达到应有的效果。

（2）课堂上可检验。是指实现的结果可以在课堂上用一定标准和工具进行检验。比如，考察学员的记忆能力，可以在课堂上用提问、默写、连线练习等方式进行考察。

 案例分析

例如，刚才提到的培训课程"从写作要领入门——30分钟教你学会写消息"，培训师的能力目

标写的是："运用写作技巧提高稿件质量，符合媒体刊发要求"。请分析，此目标是否符合要求，如有问题，请改正。

分析：这个目标字面上看不出有什么问题，实际上，这个目标太笼统，它是应达到的培训目标，在工作环境中才能检验，课堂上根本无法实现和检验，将培训目标误写为课堂教学目标。

修改后：课程的能力目标是，"能够熟练运用倒金字塔写作方法，在 15 分钟内容撰写一篇消息。要求要素齐全，主题突出，详略得当。"

（四）正确设计单元教学目标的意义

（1）有助于学员在了解或接受培训后，确定自己需要达到的标准和努力的方向。

（2）为课程设计者选择培训方法提供依据。

（3）为培训师所需教材和教具的制作提供标准。

（4）为课程的介绍和宣传提供依据。

（5）为评价和检查学员通过培训在知识、技能和态度上的改变和改进提供依据。

（6）有助于尽早判断出培训可以做到和做不到的事情，进而消除不切实际、无法实现的主观意愿。

（7）确定培训师的职责。

上述我们介绍了培训目标按层级可以分为培训总目标、课程单元培训目标和教学目标，而教学目标又包括三方面的内容。它们之间的关系如图 3 - 13 所示。

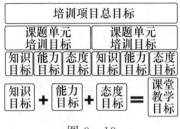

图 3 - 13

第二节 选择合适的教学方法

在实际培训中，培训师能否正确选择教学方法，就成为影响教学质量的关键问题之一。培训师可选择的教学方法有很多种，不同的教学方法具有不同的特点，其自身也是各有优劣。选择合适有效的培训方法，需要考虑到培训目标、教学内容、培训对象的自身特点及企业具备的培训资源等因素。培训师只有按照一定的科学依据，综合考虑教学的各有关因素，选取适当的教学方法，并能合理地加以组合，才能使教学效果达到最优化的境地。

图 3 - 14

一、常用的教学方法

（一）讲授法

讲授法是一种以说明、阐述、讲解、论述等口头语言方式，表达教学内容的方法，也是企业内培训最广泛使用的方法。讲授要把书面语转化为口语，一方面要使学员听得清；另一方面还要学员听得懂，做到"十不用"——不用生造词、土语、废弃的旧词、冷僻的行业术语、少数民族谚语、难以理解的典故、修饰成分太长的长句、语法修辞的病句、半文半白的语言、口头禅。

1. 讲授法的类型

讲授法根据教学内容分为以下四种类型。

（1）讲解

讲解是指培训师对教材内容进行解释、说明、阐述、论证的讲授方式，通过解释概念含义，说明事理背景，阐述知识本质，论证逻辑关系，达到使学员理解和掌握知识的目的。讲解不是讲事，而是讲理，侧重于发展逻辑思维能力。讲解是讲授的基本方法，广泛应用于各科教学中。

（2）讲述

讲述是指培训师用生动形象的语言，对教学内容进行系统地叙述或描述，从而让学员理解和掌握知识的讲授方式。讲述分为叙述式和描述式。叙述式和描述式的相同之处在于：都是说事，而不是说理。其不同之处在于：叙述式的语言简洁明快，朴实无华；描述式的语言细腻形象，生动有趣。

（3）讲读

讲读是在讲述、讲解的过程中，把阅读材料的内容有机结合起来的一种讲授方式。通常是一边读一边讲，以讲导读，以读助讲，随读随加指点、阐述、引申、论证或进行评述。

（4）讲演

讲演常以学术报告形式出现。它是就某个专题进行系统阐述，深入分析论证，并做出科学的结论。讲演涉及的问题比较深广，所需时间比较长。

2. 讲授法的技巧

在所有的课堂教学方法中，讲授法是基础。培训师要提高教学质量，就必须研究和掌握讲授法的技巧，使自己的讲授具有艺术性。

（1）讲授要有科学性

首先要有科学的内容。讲授的内容要经得起实践的检验，是真理性的东西，即内容要准确无误，符合实际。

其次要有科学的态度。讲授要以科学的世界观和方法论为指导，实事求是，严谨认真，懂就懂，不懂就不懂，不能有半点虚假。

再次要有科学的语言。培训师要用该课程的专业术语，有必要用通俗说法时也不能与专业术语相违背。

（2）讲授要有形象性

讲授过程中，培训师要对讲授的内容进行加工，把抽象的理论形象化，变为学员易于接受的知识，要借助于语言、表情、动作、直观实物、绘画及音响等手段，形象描绘讲授内容。这是学员接受知识的首要条件。把抽象的知识形象化有以下几种方法：

一是讲故事。故事有人物、有情节，是可感的，形象化的。

二是描绘场景。用形象化的语言，将那些学员在课堂上看不到、摸不到的景象、事件和事理，运用鲜明、逼真、具体和生动的语言描绘出来，使学员仿佛身临其境，获得真切的感受和深刻的理解。

三是形象比喻。俗称打比方，根据事物之间的相似点，把某一事物比作另一事物，把抽象的事物变得具体，把深奥的道理变得浅显。形象比喻是向别人——尤其是外行，解释一个问题的良好方法，比喻做得好，可以用生动形象的语言帮助人们理解问题。形象比喻的第一个关键是原问题要和所作的比喻具有共同点。比如，有位培训师在解释团队沟通障碍时，就用了一个比喻，"团队的沟通障碍像交通堵塞一样，大家都想尽快到达终点，却因为沟通规则不畅堵在了路上"，因为原问题和比喻有共同点，寥寥数语，就把一个抽象的问题说得清清楚楚，这是一个好的比喻。形象比喻的第二个关键是必须用简单的问题来比喻复杂的问题，而不是用复杂的问题来比喻简单的问题。常用的比喻有以下六种：

> 一种常用物品。"教练式辅导像钥匙一样，开启阻碍你前进的心锁"。

> 一种常见的化学物质。"教练式辅导像催化剂一样，提升你前行的速度"。

> 一种动物。"在职场上，有一类人喜欢出风头表现自己，他们就像孔雀一样，总是在人前展现自己。"

> 一种常见的现象。"团队的沟通障碍像交通堵塞一样，大家都想尽快到达终点，却因为沟通规则不畅堵在了路上。"

> 一种常规操作。"对课程内容'总结回顾'就像点击文档中的'保存'按钮。如果培训师在讲完每块内容后，没有进行'总结回顾'，学员就可能不会记住。"

> 一项体育活动。市场经济条件下，市场、企业、政府三者的关系可用比喻表示为："市场是跑道，企业是运动员，政府是裁判"。

四是用图说话。一张好图胜过千言万语，如果能用图片来传递和解释信息，那将会让课程内容更加形象生动，直指人心。用图说话有两种方式，一种是解释说明图，另一种是机构关系图。

(3) 讲授要有具体性

讲授过程中，培训师要对讲授的内容进行加工，把抽象的理论具体化，变为学员易于接受的知识，要借助于语言、表情、动作、直观实物、绘画及音响等手段，形象描绘讲授内容。把抽象的知识具体化有以下几种方法：

一是举例说明。举例说明是通过列举有代表性的、恰当的事例来说明事物特征的说明方法。为了说明事物的情况或事理。从道理上讲，人们不太理解，这就需要举些既通俗易懂又有代表性的例子来加以说明，使欲描写的事物更清晰。举例说明选取的例子要与所说明的问题内容一致，不能似是而非，更不能张冠李戴，否则就起不到说明事物特征的作用。所举例子要尽量典型、有影响力和代表性，以增强说明的效果。所举例子要通俗易懂，深入浅出，让人感觉到有可信度，更能说明事物的特征，语言表述恰到好处。

二是列数字。为了使所要说明的事物具体化，培训师还可以采用列数字的方法，以便读者理解。需要注意的是，引用较多的数字，一定要准确无误，不准确的数字绝对不能用，即使是估计的数字也要有可靠的根据，并力求近似。例如，培训师在讲解"中国石拱桥"时就用了数字，"赵州桥非常雄伟，全长 50.82 米，两端宽 9.6 米，中部略窄，宽 9 米。全桥只有一个大拱，长达 37.4 米……"。

 **案例学习**

培训师用例子说明"年龄稍大，记忆力不一定就差"案例

"一般人总以为，年龄稍大，记忆能力就一定要差，其实不然，请看实验结果：国际语言学会曾对 9—18 岁的青年与 35 岁以上的成年人学习世界语做过一个比较，发现前者就不如后者的记忆力好。这是因

为成年人的知识、经验比较丰富，容易在已有的知识基础上，建立广泛的联系。这种联系，心理学上称为'联想'。人的记忆就是以联想为基础的，知识经验越丰富，越容易建立联想，记忆力就会相应提高。马克思五十多岁时开始学俄文，6个月后，他就能津津有味地阅读著名诗人与作家普希金、果戈理和谢德林等人的原文著作了。这是由于语言知识丰富，能够通晓很多现代和古代的语言的缘故。"

这段文章要说明的是：年龄稍大，记忆力不一定就差。为了说明这一点，作者先提供了实验结果，又分析了原因。到此为止，未尝不可，但不够具体，也缺乏说服力，于是，又举出了一个实例：马克思在五十多岁的时候，只用6个月时间便精通了俄语。这样一来，内容具体了，说服力增强了。

（二）讨论法

讨论法是在培训师的指导下，学员以小组为单位，围绕教学内容的中心问题，各抒己见，通过讨论或辩论活动，获得知识或巩固知识的一种教学方法。优点在于，由于全体学员都参加活动，可以培养合作精神，激发学员的学习兴趣，提高学员学习的独立性。讨论法培训的目的是为了提高能力，培养意识，交流信息，产生新知。比较适宜于管理人员的训练或用于解决某些有一定难度的管理问题。

讨论法在成人教学中广泛采用。运用讨论法的基本要求是：①讨论的问题要具有吸引力。讨论前培训师应提出讨论题和讨论的具体要求，指导学员收集阅读有关资料或进行调查研究，认真写好发言提纲。②讨论时，要善于启发引导学员自由发表意见。讨论要围绕中心，联系实际，让每个学员都有发言机会。③讨论结束时，教师应进行小结，概括讨论的情况，使学员获得正确的观点和系统的知识。讨论法是团队学习的一种形式，一个人思考时，由于各自心智模式的影响难免会看不清事物的全貌，就像盲人摸象一样，大家在一起讨论有助于对事情看得更全面。

讨论法有两种学习形式，一种是小组讨论，另一种是邻座讨论。

1. 小组讨论

一般是4~8人组成小组，针对培训师设计的问题，采取依次发言和混合式发言相结合方法进行讨论。

操作步骤如下：

（1）培训师宣布讨论的问题和讨论所需的时间。

（2）按照4~8人一组的形式组成讨论组。

（3）在小组内选举或指派一名组长组织讨论过程。

（4）各小组汇总讨论结果，然后选择代表呈现讨论结果。

（5）培训师针对讨论进行总结，总结要概括出问题的答案及解决的立场、观点、方法和思路。

2. 邻座讨论

这是一种快速激发学员参与到讨论中的方法。培训师会要求学员就某个主题或问题与邻座进行探讨，并找到答案和一致意见。这是促进学员讨论的有效方法，在两人一组的情况下，每个人都不会被遗漏，也很难回避问题。这组搭档除了讨论外，还可以一起完成练习或一起相互测试。

图 3-15

【优点】强调学员的积极参与，鼓励学员积极思考，主动提出问题，表达个人的感受，有助于激发学习兴趣；讨论过程中，培训师与学员间，学员与学员间的信息可以多向传递，知识和经验可以相互交流、启发，取长补短，有利于学员发现自己的不足，开阔思路，加深对知识的理解，促进能力的提高。据研究，这种方法对提高受训者的责任感或改变工作态度特别有效。

【缺点】运用时对培训师的要求较高；讨论课题选择得好坏将直接影响培训的效果；受训人员自身的水平也会影响培训的效果；不利于受训人员系统地掌握知识和技能。

（三）案例法

围绕着一定的培训目的，把实际工作中的成功与失败的实例加以典型化处理，形成文字资料（即案例），通过让学员分析和评价案例，提出解决问题的建议和方案的培训方法。目前案例研究法广泛应用于企业管理人员（特别是中层管理人员）的培训。目的是训练他们具有良好的决策能力，帮助他们学习如何在紧急状况下处理各类事件。

案例法有五个特点：

（1）运用企业的实际问题。

（2）尽量让学员陈述看法。

（3）对培训师的依赖降至最低。

（4）培训师很少回答"对"或"不对"。

（5）培训师可创造适当程度的戏剧场面来推进案例研究。

从这些特点中可看出，案例法重在分析一些实际问题，并且尽可能地让参与者提出方案，培训师的作用是引导。

无论案例是真实的或是虚构的，都贴近于现实情况，所以案例分析也就是在模拟解决一个实际问题。这种培训的好处在于可以大胆地尝试解决某个问题，而不需承担风险。因此，可以多次分析案例，在不同的案例中培养分析问题和解决问题的能力，而在现实工作中，不可能有这样丰富的场景。并且通过相互交流，可以激发灵感、打开思路，从而完善思维模式。

【要求】案例研究法通常是向培训对象提供一则描述完整的经营问题或组织问题的案例，案例应具有真实性，不能随意捏造；案例要和培训内容一致，培训对象则组成小组来完成对案例的分析，做出判断，提出解决问题的方法。随后，在集体讨论中发表自己小组的看法，同时听取别人的意见。讨论结束后，公布讨论结果，并由培训师再对培训对象进行引导分析，直至达成共识。

【优点】学员参与性强，变学员被动接受为主动参与，将学员解决问题能力的提高融入到知识传授中，有利于使学员参与企业实际问题的解决，教学方式生动具体，直观易学，容易使学员养成积极参与和向他人学习的习惯。

【缺点】案例的准备需时较长，且对培训师和学员的要求都比较高，案例的来源往往不能满足培训的需要。

（四）角色扮演法

图 3 - 16

角色扮演法指在一个模拟的工作环境中，指定学员扮演某种角色，借助角色的演练来理解角色的内容，模拟性地处理工作事务，从而提高处理各种问题的能力。这种方法比较适用于训练态度仪容和言谈举止等人际关系技能。比如询问、电话应对、公关人员、销售技术、业务会谈等基本技能的学习和提高。适用于新员工、岗位轮换和职位晋升的员工，主要目的是为了尽快适应新岗位和新环境。

1. 角色扮演法的特点

学员扮演特定角色即兴表演，学员亲身参与，并共同决定着"剧情"发展，因此参与者有极大的兴趣投入，并主动从中学习。由于只是扮演，学员可尝试采用不同的态度或不同的性格，看结局有什么样的变化。角色扮演提供了观察和感受不同方式处理问题的机会。培训师和其他学员都可对表演给予评价和建议，表演者也可参加到讨论中，信息及时反馈，表演者从中认识到处理问题的得失。表演者亲身扮演角色，对角色的处境、困难、顾虑、思路都有了切身体会，不管将来会处于这个角色的位置还是其相关位置，都有利于顺利地解决问题。角色扮演可以训练人们体察他人情绪的敏感性。在角色扮演中，最突出的特点就是人与人之间的直接交流，这非常有利于培养人际关系方面的技能。角色扮演让参与者有机会处理工作中可能出现的情况，提供了难得的实践机会。并且，这种方式非常省钱，几乎不需要什么物质成本。

培训师的指导非常重要，如果没有事先准备好关于学员可学到什么内容的概括性说明，那学员在完成表演后很难有进一步提高，也就是说，仅仅是其真实行为的再现，而没有提高行为的有效性。如果学员扮演后得不到应有的反馈，他们常常认为这是浪费时间。由于对角色扮演的认识不够，一些学员会认为只是个游戏，而另一些学员则干脆不愿参与，这反令培训师陷于被动，执行起来有一定的困难。如果给学员事先的指导较少，可能会导致表演失误，从而引起尴尬和挫败感，反而会打击学员今后的工作信心。角色扮演需要的时间较长，每轮表演只能让较少的人参与，这种培训方法比较耗时。

【优点】学员参与性强，学员与培训师之间的互动交流充分，可以提高学员培训的积极性；特定的模拟环境和主题有利于增强培训的效果；通过扮演和观察其他学员的扮演行为，可以学习各种交流技能；通过模拟后的指导，可以及时认识自身存在的问题并进行改正。

【缺点】角色扮演法效果的好坏主要取决于培训师的水平；扮演中的问题分析限于个人，不具有普遍性；容易影响学员的态度、而不易影响其行为。

2. 设计角色扮演课程的几个要点

成功的角色扮演需要培训师精心的策划与组织，培训师要设计好主题及场景、准备道具、选定学员和做好评价。为了激励演练者的士气，在演出开始之前及结束之后，全体学员应鼓掌表示感谢。演出结束，培训师针对各演示者存在的问题进行分析和评论。角色扮演法应和讲授法、讨论法结合使用，才能产生更好的效果。设计具体课程有以下五个要点：

（1）问题情景。事情发生的时间、地点、人物和冲突等信息。背景描述要达到清晰无争议，保证扮演者正确理解。

（2）扮演规则。在角色扮演中要遵守的规则和角色的分配等。

（3）目标任务。期望角色扮演者完成的目标或任务，可以针对不同的角色设置不同的目标。

（4）操作要点。开展角色扮演活动时的关键要点和注意事项。

（5）点评要点。角色扮演中，培训师记录和点评的方向。

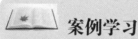 **案例学习**

"解决问题能力""角色扮演"课程设计

在"解决问题能力"课程中，通过以大堂经理的身份，模拟处理一场因办理银行业务排队过程中顾客发生争执的场景，激活学员解决问题的已有经验，提高学员解决问题的能力。

问题情景

你是中国银行××分行刚刚上任的大堂经理，银行的职员通常称你为"小赵"。该银行始建于1998年，现有员工20人，资产规模为1.5亿元。你每天的工作是负责维护银行大厅的相关设备及接待前来办理业务的顾客。由于该银行地处大学及闹市附近，因此每天前来办理业务的人员比较多。某天中午，一群顾客排队办理业务，这时一位年轻人兴冲冲地走进来，看了看队伍之后便插了进去，队伍里一位排在后面的顾客看不顺眼，便走上前去跟该年轻人理论，由于双方意见不合，发生了争执，大厅里的气氛顿时紧张了起来。

扮演规则

（1）情景模拟时间为 6～10 分钟。

（2）每小组人员选出三人，一人扮演大堂经理，另两人扮演顾客。

（3）三位扮演者拿到各自的角色定位和扮演任务，看过 3～5 分钟以后，开始进行模拟。

（4）其他小组成员作为观察员，根据观察表进行打分。

目标任务

（1）大堂经理。作为大堂经理，看到该情景后，你上前制止两人的争吵，尽量说服年轻人按秩序排队，并处理好两人的争执，维护好大厅内的秩序。

（2）顾客王某。你的情景：你是一公司的职员王某，某天上午公司总经理要求你在下班后去中国银行××分行给另一公司汇款完成一笔交易，并且双方已经约定好在中午完成交易，下午要向公司汇报。但是中午你又和朋友有约，赶着去见朋友，而单位附近又只有一家中国银行，所以对你来说时间很紧，你要马上到银行完成汇款任务，事后赶去见你的朋友。你的任务：你进入银行后发现人特别多，但是你又赶时间时，便想着插队赶紧办完事去见朋友，没想到却引起队伍中某个人的不满，并上前跟你理论，你要说服那个人理解你的苦衷，并顺利完成任务（任务中要充分表现出我有急事，我就不排队，使矛盾激化。）。

（3）顾客李某。你的情景：你是中国银行××分行附近的居民，某天中午你去该银行办理业务，当看到大家都已在排队，于是你就排进了队伍，而没过多久，就冲进来了一个人，一句话不说就插进队伍。这时，你很生气，觉得他太没礼貌，并且感到不公平。你的任务：上前和插队的理论，让他道歉，并回去排队。

操作要点

（1）在不影响扮演的情况下，提醒时间进度。

（2）用关键词的方式记录角色扮演过程中的优缺点。

（3）如果条件允许，过程中可以用录像设备全程记录。

点评要点

扮演者是否将该表现的内容都变现出来。

观察扮演者语言、肢体和表情三方面的变化。

观察大堂经理是否处理好两个人的争执，并维护好大厅内的秩序。

（五）游戏法

游戏教学法，顾名思义，就是以游戏的形式进行教学，也就是说让学员在生动活泼的气氛中，在欢乐愉快的活动中，甚至在激烈的竞赛中不知不觉地掌握专业知识和实操技能的教学方法。简单地说，"游戏教学法"是将"游戏"和"教学"两者巧妙地结合在一起，从而引起学员学习兴趣的教学方法。游戏活动创造了一种愉悦的气氛，能够帮助学员释放出自身所有的潜力，对产生积极的学习效果有很大的作用。

设计游戏课程的九个要点：

（1）游戏名称：游戏的题目。

（2）游戏目的：游戏达到的目的和价值。

（3）游戏形式：对学员人数的要求或限制。

（4）所需时间：完成游戏所需的时间。

（5）场地要求：游戏需要的场所、教室、室外等。

（6）道具及材料：游戏过程中需要的道具及材料。

（7）操作步骤及规则：游戏的实施步骤及规则，需要在开始前向学员展示。

（8）问题讨论：针对游戏结果设计若干问题，启发学员进行讨论。

（9）游戏总结：培训师对学员的发言进行归纳总结，并提出自己的观点。

 案例分析

"动物的尾巴""游戏"课程设计

游戏名称：

动物的尾巴。

游戏目的：

（1）提升学员的团队沟通能力与协调能力。

（2）活跃现场气氛，激发学员的活力，使其保持良好的情绪状态。

游戏形式：

全体参与，分组进行。

所需时间：

10～20分钟。

场地要求：

宽敞的教室或户外。

道具及材料：动物挂图、眼罩、节奏感强的音乐。

操作步骤及规则：

（1）将动物挂图挂到前面的墙上（可准备牛、羊、狗、虎四种），然后告诉大家，下面要玩一个粘尾巴的游戏，这里有四种动物的尾巴，大家的任务就是将尾巴粘到正确的地方。

（2）将全体人员分成四组，要求每组选出一个执行者，执行者带上眼罩，然后通过一段距离，最后将尾巴粘到相应的位置，每组剩下的组员要通过变换相应的动物叫声通知执行者走路线和粘尾巴的位置。

（3）除执行者外，小组其他人都要参与，可以推选一名组长，统一指挥大家的行动，每个人一个循环只可发出一次声音，然后其他人按照顺序依次发声，指挥执行者行走和操作，如此循环，直至执行者完成任务。

（4）给各组3分钟的时间，商量具体的配合细节。

（5）播放背景音乐（声音要低些），开始游戏，最快并准确完成的组获胜。

问题讨论：

（1）在游戏中，你们是如何与执行者指定沟通方法的？

（2）当你以发出声音的方式指挥同伴时，心里是否感到有些困难，当发出声音时，你感觉如何？

（3）从团队角度看，这个游戏对你的启发在哪里？

游戏总结：

（1）在团队中应该使用科学的管理方法，充分发挥沟通的作用，来解决团队内部的矛盾和问题，实现团队的目标。

（2）团队的重点在于默契的协调和配合，只有这样，才能发挥每个人的潜能，创造高绩效的团队。

（六）演示法

演示法是以实物和图表为道具，来深入解析培训内容的方式。演示法有很多种，可以由培训师亲自动手演示，也可以由影像资料向学员进行演示。

演示法是课堂讲授的一种辅助性教学方法，它常和讲授法一起配合使用，在揭示新知这个环节，它是一种非常有效的教学手段，学员通过观察培训师的现场演示，来明白某种工作或任务是如何完成的。现场演示比较适合操作类的课程，例如仪器仪表的使用、礼仪行为的改变和产品操作使用等。现场演示有助于激发学员对于内容本身的兴趣，有利于让学员获得感性知识，加深对所学内容的印象。

演示法按教具的类别可分为以下四种：

（1）图片、图画、挂图的演示。

（2）教具、实物模型的演示。

（3）幻灯、录音、录像、教学电影的演示。

（4）实验演示。

培训师应根据讲授内容的不同性质或特点进行演示法方式的选择。

按教学的要求，演示法可以分为以下两种：

（1）演示单个的物体和现象；

（2）演示事物的运动和变化的全过程。

【优点】

（1）有助于激发受训者的学习兴趣。

（2）可利用多种器官，做到看、听、想、问相结合。

（3）有利于获得感性知识，加深对所学内容的印象。

【缺点】

（1）适用范围有限，不是所有的学习内容都能演示。

（2）演示装置移动不方便，不利于教育场所的变更。

（3）演示前需要一定的费用和精力做准备。

【运用要求】

（1）符合教学的需要和学员的实际情况，有明确的教学目标。

（2）使学员都能清晰地感知到演示的对象。

（3）在演示的过程中，教师要引导学员进行观察，把学员的注意力集中于对象的主要特征、主要方面或事物的发展过程。

（4）要重视演示的适时性和适当性，过早过多的演示会分散学员的注意力。

（5）结合演示进行讲解，使演示的事物与教学内容的学习密切结合。

（七）提问法

提问法是一种通过设置问题唤起学员的求知欲，培养学员独立思考的能力，激发他们的学习兴趣的教学方法。提问是教学过程中培训师和学员之间常用的一种相互交流的教学技能，是通过培训师和学员相互作用，检查学习、促进思维、巩固和运用知识、实现教学目标的一种教学行为方式。提问在课堂教学中具有独特的作用与功能，设计良好的提问能提示学员学习的重点、难点，能激发学员思维，了解学员听课的质量，培养学员的参与能力等。古希腊苏格拉底在讲授时，不是直接向学员讲解各种道理或传授具体知识，而是通过提出问题或讨论，让学员来回答。学员回答错了，苏格拉底也不直接纠正学员的错误，而是根据不正确的回答进一步提出质疑性的补充问题，最终使学员认识到答案的错误之处。然后，苏格拉底再以种种事例启发学员，引导他们一步步接近正确的结论，从而构建自己的知识。他说："我不以知识授予别人，而是使学员自己成为知识的产婆"。然而，现实教学中许多培训师缺乏教学提问方面的知识和技能训练，课堂上提问的随意性很强，很少事前设计提问，导致很多提问是无效的，教学效率低下。

1. 课堂提问优化设计的原则

（1）针对性原则。

课堂教学提问应有明确的针对性，提问是为了启发学员的思维和提示学员注意重点和难点知识。因此，培训师的提问应针对不同的教学要求、教学内容，以及不同的学员提出不同的问题。

（2）多样性原则。

课堂提问要具有多样性，不论是在形式、内容上还是程度上都要具有多样性。提问形式的多样性指教师提问要采用多种形式，如采用设问句、反问句、疑问句等对学员进行提问。提问内容的多样性是指提问内容新颖别致，能激发学员积极思考和主动探究。此外，培训师在提问设计上还要注意难度上的多样性。在一堂课的提问中，既要有简单的问题，也要有较难的问题。应考虑不同学习水平的学员，对不同的学员应提出难度不同的问题，使每个层次水平上的学员都能在课堂问题解决中受益。

（3）顺序性原则。

课堂教学提问设计应遵循顺序性原则，这是因为学员的认知是一个有序的过程，是一个由已知到未知、由浅入深、由简单到复杂的过程。因此，课堂教学提问也应遵循学员的认知规律、思维规律和心理发展规律，有序地设计课堂问题，即由浅入深、由具体到抽象、由现象到本质，层层深入，不断把学员的思维引导到新的高度。

（4）广泛性原则。

培训师提问要面向全体，设计问题要考虑各种水平的学员，很多培训在课堂提问时没有注意到提问的面，提问只针对优等生，忽略后进生的参与和发展。因此，培训师提问一定要注意点面结合，既照顾到个别学员的发展，更顾及全体学员在原有水平上的发展。

（5）评价与反馈性原则。

良好的课堂提问应是结构完整的，培训师不单要提出问题，更要评价学员回答问题的情况。培训师对学员回答的每个问题都要给予有效评价，不能只是泛泛地说"错""对"等。要针对学员具体回答的情况进行中肯的评价。"对"，要说明有哪些闪光点、独特处；"错"，错在何处，为什么错。这样就可以充分加深学员对该知识的印象，提高其学习的兴趣。

2. 提问法的注意要点

（1）表达清晰、语言精练。培训师的提问不能太过随意，要在课前进行提问的系统设计，尤其在措辞上的设计，尽量用简练的语言清晰地表达出所要问的问题。提出的问题能让学员很容易理解和接受。

（2）选准时机，出示问题。培训师应在讲解到学员产生了认知上的疑问时，及时出示问题，这样就很易激发起学员探究问题答案的兴趣，引导其思维不断向前发展。

（3）提问时，应先提问后叫答，切忌先叫人后提问。培训师先提问就能促使所有的学员都认真地思考，如果先指定某位同学回答，就可能使其他学员对所提问题心不在焉。另外，培训师提问时，节奏不宜太快，使学员没有思考的时间。

（4）问中有导，给予适当的提示和点拨。培训师在提出问题后并不是无事可做，而应在学员思考遇到困难时，给予适当的提示引导，促进其进一步思考，找到问题的答案。

（八）实际操作法

图 3-17

学员在培训师指导下进行一定的实际操作或其他实际活动，以获得知识和培养实际操作技能、技巧和发展能力的方法。如登杆作业、瓷瓶绑扎练习等。培训师指导学员进行实际操作一般分为五个步骤，分别是准备场地材料、布置任务、讲解演示、指导训练、总结点评。

1. 准备场地材料

（1）准备好场地、设备和材料。

（2）应用工具的准备。应用的工具主要有资料类工具和设施类工具两大类。

2. 布置任务

实际操作一般包括个人项目和团体项目两类。实操前，培训师布置任务时培训师一般要向学员交代以下内容：

（1）任务的背景、现场的环境和设施。

（2）任务的目的和要求。

（3）任务完成的内容及时间要求。

（4）危险源及安全注意事项。

（5）团队项目还要进行角色分工。

3. 讲解演示

在培训过程中，培训师一般要先将培训项目必须具备的理论知识加以简要回顾，然后进行实际操作的逐步讲解和展示。在展示讲解的过程中，要注意一边做，一边说，随时与学员互动，了解其掌握的情况。对于步骤较为繁杂的培训项目，宜分成几个部分，逐个部分地进行讲解和展示。

4. 指导训练

学员实操时，培训师的主要任务就是训练指导。指导的要求是时刻关注操作的步骤，及时提醒错项、缺项，迅速制止危险行为，保证整个实操过程的安全顺利进行。此时，培训师是整个培训场地和培训过程的控制者和指挥者，必须随时关注学员的操作过程。

5. 总结点评

培训完成后，培训师要对学员的表现进行及时的总结点评。回顾相关的理论知识和关键技能项，指出学员的优点和不足，指出下一步改进的方向和重点。

知识拓展

培训课堂互动

课堂互动是在培训师所创设的情境中师生之间，生生之间所进行的语言交际活动，是一种从简单到复杂的意义建构，是交流信息、表达情感的有效途径，是培养语言运用能力、思维能力、创新意识、发展健全人格的重要手段。

一说到"课堂互动"，有人认为就是在课堂上做几个活动活跃气氛。这样的理解是狭隘的，也是不准确的。真正的"课堂互动"应该是：培训师通过调整自己的情绪和授课方式带动学员，从而充分调动学员的身体、情绪和思维，促使其全方位参与到教学中。

一、课堂互动的层级

1. 身体的互动

此种互动方式，美其名曰："运动运动身体，抖擞抖擞精神"。活动本身往往与培训主题无关，其形式多种多样：做活动、玩游戏、做手语、跳舞蹈等，其作用是让学员放松、使气氛活跃。

2. 情绪的互动

此种互动方式，培训师可以通过讲故事、笑

话、短片、音乐引导等形式，使学员的情绪跟着培训师所讲内容一起起伏，产生共鸣。其作用是让学员保持听课的兴奋状态，不会过早疲劳。

3. 思维的互动

此种互动形式，培训师通过提问、讨论、案例探究研讨、现场问题解决、现场演练等形式，引起学员的独立思考或小组的集体思考。其作用是使学员对知识、技能或态度有更深刻的认知和体悟。

以上三个层级不是绝对分开的，多数情况下会同时进行。

二、课堂互动的形式

其实，互动应该贯穿整个培训的过程，从培训活动的启动一直到课程结束后的跟踪、实践、改进。单就课堂授课的过程来说，又可将课堂互动分为开场、结尾和过程中的互动三种。这里给大家介绍几种"过程中的互动形式"。

1. 体验式活动

体验式教学是指培训师以一定的理论为指导，让学员在真实或虚拟的环境中通过体验去感知、理解、领悟、验证教学内容的一种教学模式。从教学需要出发，引入、创造或创设与教学内容相适应的具体场景或氛围，以引起学员的情感体验，帮助学员迅速而正确地理解教学内容，促进他们的心理机能全面和谐发展。

2. 主动提问

提问是最好的互动方式。培训师在授课过程中，能够很好地提问和回答学员问题，这本身就是一种很好的互动。在培训师提问的过程中，要鼓励学员表达不同的看法，切勿自己揣着所谓的"标准答案"，把与其不符者一概归为另类。

3. 对学员反应给以适当的回馈

培训师的授课过程中，讲究"讲授、示范、体验、察判"。当我们看到学员的一些反应，如紧锁眉头、来不及记录、大部分学员有困倦的表现等，我们就要给予反馈了，问学员有什么问题、将刚才讲的重复一遍、是不是可以下课休息了。

因为现场的在职人员训练，本身追求的就是"通过回馈发展技能"，培训师要观察学员的反馈并给予回馈（因为我国大部分成年人不愿当众表达自己的意见）。如果培训师只顾按照着自己的安排讲，学员被动地听，还不如直接购买光碟组织观看。

4. 给学员提问的时间

无论你采取什么方法，每一个单元的内容结束总有部分内容不能够被所有的学员接受，就要停下来给他们提问的时间。千万不要认为这是耽误时间，也有部分培训师担心回答不好，害怕回答学员提的问题，其实你只要有一种与学员平等交流的心态，就不怕回答问题，因为你只是一个在某个领域有一点点研究的

"人"，而绝非是"神"。

5. 角色扮演

只要涉及人与人之间的交流，如沟通训练、辅导技能训练、产品推销技能训练等，都可以事先编写"脚本"，让学员承担角色在课上演练，培训师也可以参与其中。

6. 情景训练

根据课程需要，培训前组织拍摄工作、生活中的一些场景，课上安排学员观看、讨论，从而直观展现相关工作技能的改进方法。

课堂互动的形式绝非以上几种，无论采取哪种方式，应确保与培训主题有关。

"课堂互动"是培训师回避不了的论题。课堂互动的研究和实践，意味着从"课堂控制论"走向"课堂互动论"，它体现了"学员本位"的教学观。自主活动、集体思维、教学共同体是"课堂互动"研究和实践的关键。

"课堂互动"研究和实践的价值在于，把握学员的多种有效学习途径——听觉、视觉、触觉、动觉，调动一切积极因素，改变培训师个人秀的现状，打造以"自主、合作、探究、行动"为特点的课堂氛围。

二、教学方法的选择技巧

根据教学内容和教学目标选择教学方法，提倡多种教学方法的互补融合，一般按下列方法进行教学方法的选择，见表 3 - 3。

表 3 - 3   **教学方法的选择**

教学内容	教学目标	教学方法
基础知识	获得知识，丰富经验，发展智力，启迪思维	讲授、讨论、演示、提问等方法
综合素质	提高综合素质，提升履职能力，涵养情绪，健全人格	讲授、角色扮演、游戏、案例、讨论等方法
专业技能	获得技能，形成技巧，养成习惯，熟练操作	讲授、角色扮演、实际操作等方法

第三节　编 写 教 案

　　教案是培训师为顺利而有效地开展教学活动，根据教学目标的要求及学员的实际情况，以课时或课题为单位，对教学内容，教学目标，教学过程等进行具体的安排和设计的一种实用性教学文书。教案通常又叫课时计划。教案中对每个课题或每个课时的教学内容、教学步骤的安排，教学方法的选择，板书设计，教具或现代化教学手段的应用，各个教学步骤教学环节的时间分配等，都要经过周密考虑，精心设计而确定下来，体现着很强的计划性。

一、教案的作用

在实际教学活动中，教案起着十分重要的作用。编写教案有利于培训师弄通教学内容，准确把握教学内容的重点与难点，进而选择科学、恰当的教学方法，有利于培训师科学、合理地支配课堂时间，更好地组织教学活动，提高教学质量，收到预期的教学效果。教案的作用主要体现在以下几个方面。

（一）教案是教学活动的依据

写好教案是保证教学取得成功，提高教学质量的基本条件。教学过程是由培训师的教和学员的学所组成的双边活动过程。提高教学质量包括两个方面的内容：一方面是指培训目标规定的基础知识和技能、技巧，学员必须掌握和深刻透彻地理解，并能牢固地记忆和熟练地掌握运用；另一方面要求学员在掌握规定的基础知识和技能、技巧的基础上，发挥学习的积极性和创造性，把所掌握的基础知识类推到有关问题中，去理解、分析、解决工作中新的问题。要实现这样的目的，就要在授课前充分了解学员的认知规律和身心发展的规律，根据教学内容的具体特点，设计出适合学员接受水平、心理特点和思维规律等的教学方案，有的放矢地进行教学。如果不认真书写教案，教学过程中必然目标模糊，心中无数，要求不当，随心所欲，而最终无法取得好的教学效果。

（二）教案有利于教学水平的提高

认真编写教案是提高教学水平的重要过程，培训师编写教案是一个研究培训师、教学内容、学员及教学设备等因素的综合过程。在这个过程中，培训师要研究教学内容的知识体系、学员学习的状况，分析课程结构的编写意图，分析教学内容的知识结构、体系和深广度，特别是要以培训方案为背景，明确教学目标，确定教学内容的重点难点，分析知识的价值功能，分析各部分内容的特点，酝酿设计教学过程，确定教学方法。因此，认真编写好教案，对于提高培训师的教学水平无疑是很有价值的。

教案的作用除了是对课堂教学的总的导向、规划和组织，是课堂教学规划的蓝本，它反映培训师在整个教学中的总体设计和思路外，还有三个附带性作用。一是备忘录作用，由文字载体保存的信息可供随时提取或查阅。二是资料库作用，从长远角度看，教案中保存着培训师从各种渠道获得的珍贵材料，以及自身的经验与心得，积累多了自然形成一座资料宝库。三是教改课题源作用，教案的丰富案例、精心思索过的问题、教学后的得失体会等往往成为培训师选择教改研究课题的源泉。

二、编写教案前的前期工作

编写教案前要做好以下工作：

（1）根据培训方案，明确课题单元培训目标和培训内容。

（2）根据课题单元培训目标和培训内容确定课题名称。

（3）根据课题单元培训目标和课题名称设计课程结构，确定教学内容。

（4）根据课题单元培训目标和教学内容设定课题的教学目标。

以上这些工作，我们称为目标设计和教学内容设计阶段，这是设计教案时首先要准备好的工作，这些工作前面已经做了详细的介绍。

三、教案的内容

教案的形式和繁简程度虽然不同，但一般应包括课题、课时、课题类型、培训对象、教学目标、培训教学设施（包括资料、培训设施、场地布置）、教学过程七个部分。前六个部分我们称为教学目标和教学内容设计，第七部分称为教学过程设计。

课堂教学过程是在一定的教育思想的指导下培训师为完成一定的教学目标，对构成教学的诸因素（培训师、学员、教学内容、教学设备）在时间、空间方面比较稳定的、简化的组合方式及其活动程序。

从流程上看它包括导入新课、讲授新知、巩固强化（课堂练习）、总结归纳、作业布置五个环节，如图 3 - 18 所示。巩固强化也称课堂练习，课堂练习往往穿插到讲授新知的整个阶段中，一堂课培训师会安排若干练习，

图 3 - 18

因此有的培训师在备课时，把课堂练习合并到讲授新知阶段中，这样课堂教学过程大致分为四个阶段：导入新课、讲授新知、总结归纳、作业布置。

课堂教学过程不仅指课的基本环节运行时表现出来的时间流程。在每一个基本环节中，还包含着培训师、学员、教学内容、教学设备四个基本因素横向的组合方式。这种横向组合方式，要回答培训师教什么（教学内容），怎么教（教学方法），用什么手段教（教学设备），学员怎么学（学员活动）四个问题，即教学策略问题。

总之，总体上看，教案或课堂教学设计主要包括教学内容设计（课程结构设计）、教学目标设计、教学过程设计三个要素，这三个要素在编写教案时，是不可缺少的，它们是编写教案的关键环节。

图 3 - 19

教学设计格式模板

第一部分　教学内容及教学目标设计

（一）课题（说明本课名称）

（二）课时（说明本课用几课时）

（三）课型（课的类型，理论型或实操型）

（三）培训对象（本节课听课人）

（四）教学目标（说明本课所要完成的教学任务）

　　1. 知识目标

2. 能力（技能）目标

3. 态度目标

（五）培训设备设施(资料、培训设施、场地布置)

第二部分　教学过程设计

教学活动过程（或称课堂结构，说明教学进行的内容、方法步骤）

一般按教学环节和阶段来写，写清自己怎么教与学员怎么学的基本要点。包括教学流程、教师活动、重点、难点、学员活动、课堂练习、作业布置等。

四、教案的编制

编制教案是培训师的一种辛勤劳动，每份教案都凝结着培训师的心血。编制教案的过程也是培训师不断学习、不断提高的过程。

在经过认真的准备之后，通过文字加工写成教案是编制教案的最后一步。教案的书写形式可有多种，概括起来主要分三类：文字式、表格式和程序式。这样的划分也不是绝对的，在实际的运用过程中，可以结合在一起。例如，文字式教案有时也插入表格，程序式教案中也有文字说明等。形式要服务于内容，要能够反映出上课的过程。

在实际培训工作中，应用表格式教案的比较多，这种形式教案简明、清楚，操作性强，使用方便。能充分反映师生的双边活动，体现着培训师的主导和学员的主体地位。在编写上使教学内容与教学方法同步进行，有一定优点。表格式教案的栏目设置可视不同的课型有所变化，并非一成不变。

表格式教学设计格式模板

课程单元教学设计目标及内容

本次课标题					
培训师		审核批准			
授课对象		时长		上课地点	
培训教学目标	能力（技能）目标		知识目标	态度目标	
能力训练任务					
培训设备设施	1. 资料： 2. 培训设备： 3. 场地布置：				

培训教学过程设计

步骤	培训内容	教学方法	学员活动	教学设备	时间分配
引入	1. 课程导入 2. 介绍培训对象、教学目标和主要内容，明确课程重点				
讲授					
总结					
作业					

表格填写说明：

1. 在讲授阶段的培训内容栏目中，要标出课程的重点和难点部分。
2. 教学方法包括：讲授法（打比方、举例）、案例法、讨论法（小组讨论、邻座讨论）、提问法、游戏法、角色扮演法、演示法、实际操作法等。
3. 学员活动：听课、回答问题、练习、小组讨论、观看视频、观看挂图等。
4. 教学设备：PPT、白板、白板笔、挂图、学员资料等。

案例学习

"从写作要领入门——30分钟教你学会写消息"课程设计，见下表，相关教学课件、课程单元教学设计和教学视频存放位置："企业培训师授课技能提升指南\从写作要领入门——30分钟教你学会写消息"。

课程单元教学设计目标及内容

本次课标题	从写作要领入门——30分钟教你学会写消息				
培训师					
授课对象	公司系统通讯员				
	能力（技能）目标	知识目标	审核批准		
			时长	上课地点	态度目标
培训教学目标	1. 给出一篇消息，能够准确找出消息的六个要素。 2. 能够熟练运用倒金字塔式写作方法，在30分钟内容撰写一篇消息，要素齐全、主题突出、详略得当。	能够准确背诵出消息的六个要素和五个组成部分。	30分钟		转变对消息写作的畏难情绪，学会认真听课和刻苦训练，以饱满的热情积极投身新闻宣传工作。
能力训练任务	通过实际案例，学员可以准确辨识消息的要素、组成部分，并对案例进行拆解分析，找到不符合写作要求的问题，并进行修改。				
培训设备设施	1. 学员资料：教学挂图。 2. 培训设备：投影仪、手提电脑、无线翻页器1台，教学用白板1块，黑色白板笔1支，无线麦克1个，音响设备、连麦电脑的音频线。 3. 场地布置：培训现场采用会场式布置。				

培训教学过程设计

步骤	培训内容	教学方法	学员活动	教学设备	时间分配
引入	1. 课程导入 （1）案例导入：通过通讯员小李的写作经历引出学员在消息写作中的困难。 调研结果：运用问卷调查结果引出学员在消息写作中的两大困惑——不会写和写不好。 （2）引出主题、消息写作有方法和技巧，本次课程《30分钟教你学会写消息》。介绍培训对象、教学目标和主要内容。明确课程重点。 课程目录 一、消息概述 二、写作方法 三、写作技巧（重点）	讲授 调研 讲授	学员分享	PPT1 PPT2 PPT3 PPT4 PPT5 PPT6 PPT7	2分钟

续表

步骤	培训内容	教学方法	学员活动	教学设备	时间分配
讲授	一、消息概述 （一）概念 引用金岳霖的理论，介绍消息概念。 （二）要素 提问：讲述一件新鲜事要告知哪些信息？ 学员回答，培训师补充。 讲授：消息的六要素。 类比小学写作文。 （三）组成部分 讲授消息的五个组成部分。 下发学员资料，运用消息案例引导学员逐一辨识五个组成部分。 练习： 学员根据下发案例在1分钟内找到消息的六要素，请学员到挂图上完成并点评。	讲授 提问 打比方 案例分析 指导	学员分享 思考并回答 学员听课 思考并回答 练习	PPT8 PPT9 PPT10 PPT11 PPT12 PPT13 学员资料 PPT14 白板挂图	6分钟

步骤	培训内容	教学方法	学员活动	教学设备	时间分配
讲授	二、写作方法（课程重点） （一）讲授经典写作方法——倒金字塔式写作方法 （二）以倒金字塔式写法为例，详细讲授消息每一部分的写法。	讲授板书	学员听课	PPT15～17 白板	2分钟
	1. 标题（课程难点） 介绍管理思想：题好文一半 讲授写作原则： ·凝练新闻主题、体现新闻价值 ·抓人眼球	讲授	学员听课	PPT18	12分钟
	练习： 学员分组讨论：在1分钟内为消息写标题，并分享。 点评并给出正确写作案例。	练习 案例分析	练习 案例分析	PPT19 学员资料 PPT20	
	2. 导语（课程难点） 介绍管理思想：立片言而居要 讲述导语起源故事 讲授导语写作方法：概述式导语	讲授 练习	学员听课 练习	PPT21 PPT22 PPT23 PPT24	

续表

步骤	培训内容	教学方法	学员活动	教学设备	时间分配
讲授	练习： 带领学员为消息案例撰写导语 讲授写作方法			PPT25	12分钟
	3. 主体 案例分析 讲授写作中常出现的两类问题 ·设有章法 ·内容空洞	讲授案例分析	学员听课	PPT26 PPT27 PPT28 PPT29 PPT30 PPT31	
	4. 背景 介绍管理思想：新闻背后的新闻 播放视频新闻 简要讲授写法	讲授视频演示	学员听课	PPT32~36	
	5. 结语 介绍管理思想：豹尾 简要讲授写法	讲授	学员听课	PPT37~38	
	练习： 连线题：消息五个组成部分哪些可以有，哪些必须有。	学员练习	学员练习	PPT39~40	1分钟

续表

步骤	培训内容	教学方法	学员活动	教学设备	时间分配
讲授	练习：学员分组讨论，在1分钟内找出案例写作中的问题，点评、修改，检验学习效果。	学员练习 指导他人	学员讨论	学员资料 PPT41~44	2分钟
	三、写作技巧 从编辑选稿角度总结技巧：小、快、实、新 从学员写稿角度总结技巧：仿、访 引导学员互动，归纳出技巧：固定化	讲授 提问	学员听课 学员思考并回答	PPT45~47	3分钟
总结	1. 课程框架展示：知识、技能、技巧 2. 课程内容总结：将重点内容编成口诀。	讲授	学员听课	PPT48~49	1.5分钟
作业	给出消息要素，要求学员用所教授的方法和技巧撰写消息。	讲授	学员听课	PPT50~52	0.5分钟

点评：此教案充分体现了培训师对课堂教学的规划、教学目标准确、教学重点突出、难点明确、教学容量适当、内容安排如其分、课堂教学效率高，效果更好。教案语言准确、图表规范、详略得当，对教学内容的解读以及对学情的把握都恰到好处。

此教案以表格形式呈现教学过程，在教学过程设计部分中，表格的第一列表述"教学环节"，其他列表述"课的组织与实施，包括教学内容、教学方法、学员活动、教学设备、时间安排等。通过阅读此教案，我们可以发现培训师将30分钟的课分为导入、讲授、总结、作业布置四个阶段。每个部分规定了严格的培训时间，在每个教学环节上都体现了培训师的活动和学员的活动，使我们不用实地听课，就能理解培训师的教学目标、教学重点难点、教学活动过程。

五、教案编写要注意的几个问题

（1）教案编写要求内容全面、完整、具体。

整个教案编写应内容全面，环节完整，层次清楚，各部分的过渡衔接应自然顺畅，以确保教案在教学中的指导作用。若书写杂乱，不分层次，则培训师在课堂上就无法及时准确地按教案的内容安排教学，直接影响教学质量的提高。

（2）在教案编写中要避免"四重四轻"的现象。

➢ 在教学目标上重知识，轻能力和德育渗透。

➢ 在教学设计上重教法轻学法，培训师的每个教学策略，考虑得过多的是自己怎样教，忽视了学员怎样学，过多地以培训师自己为中心去设计教学过程，忽视了学员为主体去组织教学进程。

➢ 在教学内容、作业、测试等方面，重统一、轻差异、轻分层。

➢ 在教学安排上，重教学，轻训练。

（3）编写教案要重点掌握教学过程和教学方法的设计。

编写教案的重点应是课程结构的设计和教学过程的设计，教学思路清晰，能体现教学全过程，突出培训师怎么教，学员怎么学，对课堂教学有很好的指导作用。因此在实际教学中应避免两种倾向：一种是教案写得过于简单，只写成提纲形式，这样不利于教师的课前准备和具体教学过程的实施；另一种是将教案写成繁琐的讲稿，造成上课时照本宣科，不利于灵活地把握教学进程。

（4）具体教学实施中，可对教案做必要的修改和调整。

编写的教案是组织教学的依据，但在具体教学实施中，教案也不是绝对不可改变的，可根据课堂上的实际情况，做些必要的修改和调整，以适应情况的变化，更好地完成教学任务。

（5）重视教学后记的作用。

教学后记是教案的一个组成部分，要认真填写教学计划的执行情况，效果如何，有什么经验教训，原因是什么，应如何改进等，以便不断积累和总结教学经验，提高教学水平，教学后记的编写方法我们放在第四单元进行介绍。

六、讲稿与教案的区别

讲稿是丰富和细化教案中的具体要求并实现教学设想的实质内容和书面台词，是根据教学内容对教案的具体化。讲稿与教案不同之处主要表现在：

（1）讲稿所承载的是知识信息，教案所承载的是课堂教学的组织管理信息。

（2）讲稿的思路形成受教学过程的知识逻辑支配，而教案的思路形成受教学过程的管理逻辑支配。

（3）在内容上，讲稿涉及的是知识性项目，教案涉及的是组织性项目。

（4）在表现形式上，讲稿篇幅较长，教案则是几百字或千余字即可。

第四节　添加素材编写课件

写好了教案，课程总的规划就有了。接下来，我们需要编写课件把教案具体化，PPT课件是当前企业培训师授课中最常见的辅助工具，下面我们从课件制作的角度介绍PPT制作技巧。

要想完成PPT课件的制作过程，还需要完成两件事：一是要有一个看得见摸得着的课件结构，二是根据课件结构填写素材，这样我们就做成了一套结构完整、内容充实的课件。

一、构建课件结构

回想一下，课堂结构或教学过程包括哪些教学环节？包括导入新课、讲授新知、课堂练习、总结归纳、作业布置五个部分。新课导入环节主要包括标题、导语两部分。讲授新课和课堂练习这两个环节是课程的主体，课程的主要内容都要在这里呈现，我们把它细化为目录和主体两部分，这样课堂结构五部分就改造为六个环节，下面分别进行介绍。

第一个环节：**课题。**

这是课件的首页，通常包括标题、单位和姓名三部分，从上到下依次排列，标题字号略大，单位和姓名的字号小一些。这个环节称为"是什么"，用英文表示为

"What"，也就是这一节课讲的是什么内容。

第二个环节：**导语**。

这是课件的第二环节，称为"为什么"，用英文表示为"Why"，也就是我们为什么要讲这一节课，它主要包括三部分，授课对象是谁，开题原因，教学目标。

课题＋导语＝新课导入

第三个环节：**目录**。

也就是这节课要讲哪几方面内容，把整体内容分为一、二、三条，先给人一个总括的印象。目录和教案中的课程结构相对应。

第四个环节：**主体**。

针对目录中的几方面内容详细讲解相关知识，展开来讲。

目录和主体，合称为"怎么办"，用英文表示为"How"。

是什么、为什么、怎么办，合称为"2W1H"，是课程的主要内容；课程讲完了，接下来是第五个环节。

第五个环节：**小结**。

小结也称为"课程回顾"，是用简短、精练的语言总结概括所学知识，对本堂课所讲内容进行总体的回顾和归纳。

第六个环节：**作业**。

通过课后作业，巩固所学知识。

上面这六个环节或步骤，我们称为课件六步法或六模块，它是"是什么—为什么—怎么办"知识认知结构的具体化，有了这六个模块就可以把教案中的主要内容对号入座，放进来了。

到此，我们完成了第一件事——构建课件结构。

二、添加课件素材

如果把一个课程比作一个人，培训目标是人的意识，结构是骨架，素材就是血肉了。前面我们介绍了素材的搜集方法，这一部分介绍素材的应用。

（一）素材的图像化、视频化

素材的含义很广泛，能支撑你培训中观点的，让学员感兴趣的，都可以作为培训中的素材，如视频、图片、笑话、案例、游戏、故事等。

素材来源的渠道，除了网络的搜集，更重要的是平时自己的积累，培训来自生活，来自工作，案例素材生活化，讲大家都熟悉且经过培训师提炼的内容，是生活的精华，所以，一个好的培训师，要善于观察生活，感悟生活，发现身边的案例，讲自己的故事，讲自己的经验与教训，这就是培训。

建议学员规划了自己的课程体系后，就要到现场收集素材，随身带一个相机抓取图像，带一个录像机拍摄视频，把我们的案例图像化、视频化。图像如何处理，视频如何剪辑，推荐大家使用 Photoshop 和会声会影。

（二）素材的图形化运用

有人把人的五种感官和实践形象地比喻为通向大脑

的六个通道，而这其中又以实践和视觉最为重要。所以，英国有句谚语："你听见了会忘记，你看见了就记住了，你做了就明白了"。如果说"听—看—做"，是学习方法的最佳结合，那么"看"则是帮助记忆的最有效手段。因此，将文字表述的授课内容经过总结提炼，转化为图形、图片、图表，是提高 PPT 表现力的重要手段。

1. 文字——图形化

将需要授课的文字通过提炼、总结，用各种图形表示出来，就像我们的管理工作内容使用流程图表示出来一样，能够简单地看出授课内容之间的关系，加深学员培训印象。例如，如图 3-20 所示，在用图左半部分的文字讲解安全事故体系的组成部分时，学员印象不深，培训师按文字的逻辑关系绘制成图形，结合图形进行讲解，条理清晰，一目了然，给学员留下很深的印象。

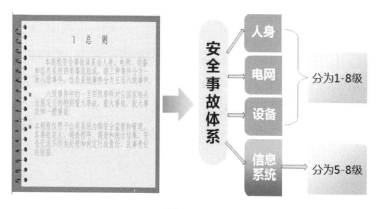

图 3-20

2. 文字——图片化

用来提示内容的图片所涵盖的信息量可以非常大，根据图片中的实例进行知识解读，效果会事半功倍。例如，如图 3 - 21 所示，在讲拉线制作的时候，培训师首先要说拉线是什么样的，再说拉线制作需要的材料和操作步骤，而这些内容如果单纯用文字形容会很繁琐，学员光靠看文字也很难想象出来拉线制作时用的材料和操作步骤是什么样，但如果我们用图片的形式来表示就会让学员一目了然，直观地看，再加上培训师的讲解，学员很快就能掌握如何制作拉线，学习效果会更好。

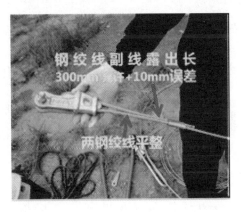

图 3 - 21

3. 文字——图表化

对于文字内容分层分类比较多，可以使用表格将内容归类整理，清楚地表达出来，学员学起来也比较轻松。如图 3 - 22 所示。

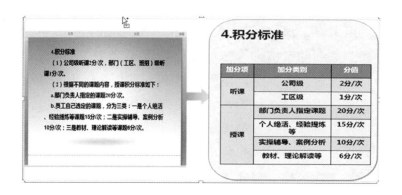

图 3-22

三、用 PPT 制作课件时的注意事项

（一）内容准确精练，把主要的文本放到幻灯片上

回归 PPT 的本质，PPT 即为幻灯片，原始的幻灯片是演讲者手工一张一张地放映到投影仪中，原始的幻灯片尺寸有 5 英寸照片大小，无法放下太多的内容，因此培训师必须把要讲的内容进行总结提炼，把最主要的文本放到幻灯片上，大量的文本还是需要演讲时用嘴讲出来。刚入门的培训师，似乎忘记了这一点，总想把想表达的话语一字不差地放在 PPT 的页面上，使得页面拥挤不堪，反而削弱了信息表达的效果。请读者记住，PPT 是讲课的辅助工具，一些文字讲出来即可，不用放置于 PPT 的页面中，另外，培训师在 PPT 外讲的一些话，可以把他们放到 PPT 的备注栏内。如图 3-23 所示，该图讲的是发现窃电点的一种

方法，左边的图，上下两根管的接头卡发生了松动，右图是用电检查人员松开接头后的图形，学员只看图不容易看懂，需要培训师进行讲解。培训师把讲解的串词都放在了备注栏内，方便培训师记忆串词和固化语言，较为方便，备注栏内的文字，播放幻灯片时是不显示的。

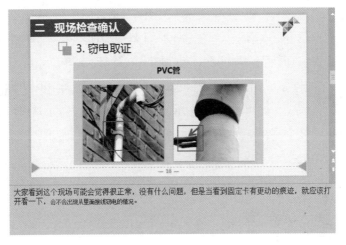

图 3 - 23

（二）设计风格一致

一份演示文稿由多张幻灯片组成，一份好的 PPT 课件应该使这些幻灯片的设计风格保持一致。设计风格一致的幻灯片，视觉效果才会更加精美，学员观看起来也会感觉更加连续，思路也不易被打断。

（三）合理的动画效果

PPT 课件的动画效果需要仔细斟酌，千万不可为了动画而使用动画。PPT 中的动画效果需要为传递的内容服务。

在 PPT 课件设计时，动画一般用在三个方面。第一，展示流程。在涉及有关步骤、流程的内容时，可以通过动画来逐条显示。第二，突出重点。在 PPT 动画中，有一种效果是"强调"，它通过让对象变色或放大来吸引学员的关注，从而达到突出课程重点的目的。第三，在一页幻灯片中容纳较多的内容，节省页面。如翻书动画，一个动画包含数张图片。再比如，培训师提问时，题干和答案可以做到一页上，题干可以先显示出来，答案用动画弹出，否则，就需要多做出一页 PPT，这样会使 PPT 课件变得冗长。

 提个醒

培训师备课须牢牢掌握的几个要点

观点与原理的确定——精练、准确；

关键与重点的把握——突出、得当；

框架与结构的搭建——简洁、逻辑性强；

素材的搜集与运用——丰富、新颖；

时间的分配与安排——合理、松紧有度；

课件的设计与制作——专业、精良；

教具的准备与演练——细致、周到。

第五节 PPT 课件常见问题解析

一、PPT 课件设计中常见的问题

1. 聚焦问题不准，培训目标不明确。

2. 培训目标和教学目标混为一谈，错误地认为教学目标就是培训目标。

3. 题目和教学内容不符，挂羊头卖狗肉。

4. 题目太大，面面俱到，重点不突出。

5. 备课时，不做教学设计，只做 PPT 课件。

二、典型案例解析

有问题的 PPT 课件，存放在"企业培训师授课技能提升指南 \ 有问题的 PPT 课件\光缆介绍 .ppt"目录中，这个演示文稿由 39 张幻灯片组成，问题较多，篇幅所限，不能一一列举，我们只选取几个具有普遍性的典型问题进行展示和讲解。

问题点 1：图 3 - 24 是课件的标题，图 3 - 25 是课件的目录。从目录幻灯片展示的内容来看，课件讲授的重点是"光缆巡视"，以"光缆介绍"为"题目"，题目和内容不符，题目应是内容的浓缩化。

图 3 - 24

图 3 - 25

解析：课件中重点介绍了 ADSS 光缆的巡视问题，所以题目可以改为"ADSS 光缆巡视讲解"。

问题点 2：如图 3 - 26 所示，这是幻灯片的导入页，幻灯片中教学目标书写错误。

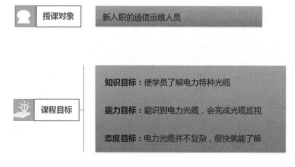

图 3 - 26

解析：（1）"知识目标"写得太笼统，课堂上不好检验，培训师必须给学员定一个"课堂能实现、能检验"的知识目标，课件的第 8 张幻灯片，如图 3 - 27 所示，介绍了 ADSS 光缆的结构，第 12 张幻灯片，如图 3 - 28所示，介绍了 ADSS 光缆的特点，以上这些都是学习 ADSS 光缆应掌握的知识点。"知识目标"建议改为：准确复述 ADSS 光缆的结构和特点。

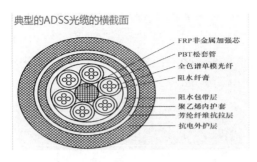

图 3 - 27

ADSS光缆特点

- ADSS全介质自承光缆，重量轻、绝缘程度高，对杆塔影响小，可以加挂在电力线路上，施工检修时可以带电作业，可以跨越不同电压等级的线路走最短路径，光纤芯数在72芯（6管12芯）以内任意增减不影响光缆结构和外经，灵活方便。
- 由于存在电腐蚀问题，110、220kV线路上挂点选择比较严格，目前ADSS已丧失价格优势，110kV以上新、改建线路不推荐使用。
- 35kV以下线路使用ADSS仍有优势，无电腐蚀，档距小强度要求低，价廉、方便，配网自动化项目大量使用。

图 3 - 28

（2）"能力目标"书写不准确，课堂能力目标必须课堂能实现和能检验，"能识别电力光缆，会完成光缆巡视"在课堂上难以实现，它是培训目标，只有完成了课堂教学目标，培训目标才能实现。建议"能力目标"修改为：给出图形能识别 ADSS 光缆的挂点和故障点。

（3）"态度目标"内容不恰当。建议修改为：通过学习提高对 ADSS 光缆的认识，消除光缆巡视的畏难情绪。

问题点 3：如图 3 - 29、图 3 - 30 所示，没有序号、小标题，内容提炼不够，幻灯片冗长，很难看出讲的是什么意思以及与其他知识点之间的联系。

解析：这两张幻灯片讲解的是 ADSS 光缆两种人为

损坏的原因，建议加上小标题或导航条，并将两张图片合并到一张幻灯片中，这样就实现了"一个小标题下的内容整合到一张幻灯片中"，更有利于知识点的理解。修改后的结果，如图 3 - 31 所示。

图 3 - 29

图 3 - 30

ADSS光缆人为损坏的原因

ADSS光缆烧灼　　　　　车辆挂断

图 3 - 31

总评：以上我们列举了该课件存在的几个问题，比如题目和教学内容不符、教学目标书写错误、导航条缺失等，这几个问题具有代表性，需引起我们的注意，另外，该课件从整体上看，课程结构还比较混乱，没有一根逻辑主线贯穿全局，培训目标没有明确的界定，也就是说，培训师不知道想给大家讲点什么，没有一个明确的培训目标，这才是最要命的。培训目标就是学员通过这节课能"运用什么标准，完成什么事"，它是一个课题或课程的灵魂，教学结构的设计、教学内容的选择、教学重点和难点的确定以及培训过程的设计，都要依赖于培训目标，培训目标不确定，其他环节很难设计好，因此，准确定位培训目标，永远是我们培训师课程设计需解决的第一要务。

 思考题

1. 简述教案一般有哪些内容？
2. 常见的教学方法有哪些？
3. 根据以下素材完成 30 分钟课程设计。

根据课件制作素材所含的文字材料、视频、音频和图片资料，完成下列课件制作任务，素材存放位置："企业培训师授课技能提升指南＼安全"。

（1）根据课程设计模板，在 1 小时内完成课程单元设计。要求：

题目自定，教学目标明确，教学结构清晰，教学过程步骤齐全完整。

（2）课程单元设计完成后，3 小时内完成 PPT 课件制作。要求：

1）除封面、封底、目录外，PPT 页数不少于 10 页，不多于 20 页。

2）PPT 中要至少运用 3 个 SmartArt 图形，并合理设置动画和切换效果。

3）PPT 封面上要显示姓名、日期。

第四单元
课堂授课技巧

上课是培训工作的中心环节，是培训师的思想水平、业务能力和教学技巧的集中反映，也是学员掌握系统知识，发展智力、能力和个性的基本学习方式。因此，要提高培训质量，首先必须上好课。

培训师要上好一堂课，除必须具备一定的授课技巧外，还必须具有相当的掌控课堂的能力和一定的教学基本功，才能保证课堂教学的成功，达到一定的预期教学目标，本单元就从这三个方面进行介绍。

图 4-1

第一节　上课的基本技巧

一、良好的开场

培训往往是枯燥的，一个好的开场可以让学员在培训开始之前对培训师留下一个好的印象，并且对培训师的性格有一个最初的了解。开场的方式很多，一般在开场中应该包括以下四个方面的内容：

（1）自我介绍。包括培训师的姓名、单位、联系电话、邮箱地址等内容。

（2）培训师需要对此次培训的日程安排进行相应的介绍。

（3）培训开场中要学员说明此次培训想要达到的培训目的，让学员在后期的学习中方向明确。

（4）技术培训开场过程中，还需要对此次培训的教材进行介绍。

在培训当中，培训师应该注意个人的形象以及个人的精神面貌。面对学员的时候，培训师代表的是公司的形象，培训师传达给学员的不仅是知识，还有公司的形象和文化，培训师培训期间个人形象、精神面貌从某一方面来讲也会影响培训的效果。我们应该遵循以下三个方面的原则：

（1）着装大方得体，建议大家在条件允许的情况下尽量穿着正装。

（2）亲切随和的态度，从人与人的关系来讲，培训人员面对的培训师是陌生人，而培训师面对的学员也是一群陌生人，要消除这种陌生感，就需要培训师具备热情以及易于相处的能力。

（3）良好的精神面貌。培训师从某个角度看是公司的形象、企业文化的一个缩影。所以良好的精神面貌体现了一个培训师良好的素养。

二、导入新课的技巧

导入新课是引起学员注意，激发学习兴趣，形成学习动机，明确教学目标和建立知识间联系的教学活动方式，它是教学过程的第一环节。新课的导入虽仅占几分钟或几句话，但它是教学过程的重要环节和阶段，设计一个别开生面的新课导入，正如戏曲的引子，影视剧的"序幕"一样，可以迅速集中学员注意力、培养学习兴趣、激发求知欲，把他们的思绪带进特定学习情境，充分调动学员的学习积极性和主动性，同时还可起到新旧知识之间的承上启下、温故求新的作用，从而营造良好的课堂教学氛围。

教学有法，但无定法，新课的导入亦是如此。教学内容不同，培训师的素质和个性不同，导入的技法也就各异。一般来说下述七种方法较为常见，见表4-1。

表4-1　　　　　　　　　导入新课的七种方法

序号	类别	内　　涵
1	开门见山	在培训开始时，培训师首先列举课程设立的原因、课程要达到的教学目标和要求，以求得到培训对象的配合与支持
2	温故引新	以学员已有的知识为基础，引导他们温故而知新，通过提问、练习等，找到新旧知识的联系点，然后从已有知识自然过渡到新知识。 如在讲授"员工奖励标准"课题时，可先引导学员复习上一课"员工奖励分类"的内容，然后提问：员工触发奖励的事项，有没有一个奖励的标准哪？如果有，这些标准又是如何制定的呢？这样导入，学员就能从旧知识的复习中发现一串新知识，激发学习新课的兴趣，也使新课过渡比较自然

续表

序号	类别	内　　涵
3	设疑导入	该方法是根据课程要讲授的内容，向学员提出有关的问题，以激发他们的求知欲
4	案例导入	在培训的开始，培训师通过引用一个现实的案例导入所要培训的课程内容。这种方法可以增加学员的学习兴趣
5	讨论导入	即培训课程一开始，培训师就组织学员对课程所涉及的重要问题进行讨论。这种方法能启发学员的思维，集中他们的注意力
6	演示导入	在培训的开始，培训师让大家观看实物、模型、图表、某一影片或录像，从而导入所要培训的课程内容。这种方法能够集中学员的注意力
7	游戏导入	在培训的开始，培训师先组织大家做游戏，然后再导入对新知识的学习。这种方法可以激发学员参与培训课程的热情。 　　游戏导入法，尤其注重寓教于乐教学原则的运用。一个好的游戏导入设计，常常集新、奇、趣、乐、智于一体且为学员所喜闻乐见，它能最大限度地活跃课堂气氛，消除学员因准备学习新知识而产生的紧张情绪，学员可以在愉快轻松、诙谐幽默的游戏氛围中不知不觉地接受新的知识，感悟深奥抽象的道理

（一）课程导入的设计要求

　　课程导入设计方法多种多样，但不管采用什么方法导入，都要根据学员的心理特点以及课程特点，创造最佳的课堂氛围和环境。只有这样才能激发学员的内在学习激情，充分发挥他们的主观能动性，提升他们自主学习的积极性。

1. 课程导入要服务于教学目标

新课导入一定要根据既定的教学目标进行设计，必须服务于教学目标，以便于教学目标的实现。

2. 新课导入要服从于教学内容

新课导入应是教学内容的必要知识准备和补充，或是教学内容的重要组成部分，或是有利于教学内容的学习与理解。因此，新课导入要服从于教学内容。

3. 导入必须符合学员的实际情况

培训对象是培训活动的主体，教学内容的好坏，要通过培训对象的学习来体现。因而新课导入设计需要从培训对象的实际出发，既要考虑他们的知识水平，又要考虑他们的学习特点。

4. 课程导入要考虑课程类别的需要

不同类型的培训课程，其导入方法显然有所不同，课程开发人员在选择课程导入方法时，要考虑课程的类别。

5. 新课导入要简洁多样

课程导入内容设计要简洁、短小精炼，课程导入时间一般控制在 1～5 分钟，若导入时间过长，会导致喧宾夺主。

（二）新课导入语的设计格式

在课程设计导入语时，可以利用 TCC 公式。

1. 教学目标（Target）

目标就是指培训对象学习本节课应达到的标准，包括培训哪些人和达到什么目标两个因素。

2. 原因（Cause）

原因就是指学员学习这个课题的原因，也就是要解决的问题和应达到的培训目标。

3. 目录（Catalogue）

目录是指对培训课程主要内容的概况介绍，以便学员对课程的内容有个整体的了解，它和课程结构的主干部分对应。

课程开发人员或者培训师可以按照任意顺序来表述 TCC 公式。以下是利用 TCC 公式编写的"从写作要领入门——30 分钟教你学会写消息"的课程课件的导入部分，它由四张幻灯片组成。第一张介绍了要解决的问题及培训目标，第二张引出了课题的名称，第三张介绍的本节课的授课对象和教学目标，第四张展示了课程目录。如图 4－2～图 4－5 所示。

图 4－2

图 4 - 3

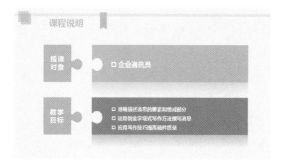

图 4 - 4

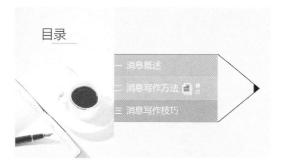

图 4 - 5

三、讲解新知识的技巧

（一）教学重点的突出与难点的突破

1. 突出教学重点

在课程设计时准确确定了教学重点，在授课时就应该考虑采取措施如何做到真正突出重点。突出重点的行之有效的常用方式方法有：

（1）保证时间。保证时间，就是在突出重点上要舍得花时间、花精力。为此，在备课时要合理安排重点和非重点内容的教学时间，做到主次分明。

（2）着重讲解。着重讲解就是要采用适当的教学方法，对重点内容进行深入浅出的讲解，力求讲深讲透，使教学重点在学员头脑中留下深刻的印象。这是突出重点的基本方法。为此，在课程设计时要备好教学方法，特别是要重视启发式教学方法的应用，引导学员在教学重点上进行思考、讨论和探索；上课时要做到有详有略。

（3）口头强调。口头强调就是要用准确的语言和加重的语气向学员明确指出教学的重点。可以在每堂课的复习旧课环节，再次口头强调旧课的重点；在每堂课的引入新课环节，在指出本次课的内容和目的要求的同时，口头强调新课的重点。从而使学员在听课时心中有数，能够主动地去领会和掌握基础知识和基本技能。

（4）板书提示。板书提示就是采用板书图文这种直观的方式方法去突出重点。可以对重点内容板书必要的插图或表格；可以详细地板书重点内容；可以用彩色粉笔板书重点内容的讲授提纲和要点，或者画有下划线。总之，通过板书提示使学员对教学重点留下深刻的视觉印象。应该培养学员养成记录教学重点的习惯，这样课后学员才能利用笔记，反复的复习和领会，从而不断加深对教学重点的印象。

（5）实践应用。实践应用是指利用实践应用这类方式方法去突出重点。例如，针对教学重点布置复习思考题、作业、岗位练习、操作实践等。这类方式方法既有利于复习巩固基础知识，也有利于训练和掌握基本技能。

（6）考查考试。考查考试是指通过考查考试环节去进一步突出教学重点。应用这种方式方法来突出重点，不但能够引起学员对教学重点的高度重视，而且能够检验学员对重点知识掌握情况，以利于总结经验教训，研究对策，采取科学有效的措施，来解决重点。

2. 突破教学难点

突破教学难点的行之有效的常用方式方法有：

（1）确保时间法。与突出教学重点一样，突破教学难点也需要花费足够的时间和精力。

（2）放慢速度法。是指在讲解难点内容时，放慢讲解速度和教学进度。让学员有充分思考的余地，边听、边思考、边记忆、边消化和吸收。

（3）直观教学法。对于由于学员感到知识抽象和难以理解产生的教学难点，可以采用加强直观教学、补充感性知识和经验这种方法去加以突破。直观性教学手段，除教学语言生动形象外，主要是使用具体的实物、教具、模型、图片、图表、音像教材等。当然，在给学员补充感性知识和经验的同时，要引导学员进行必要的抽象思维。

（4）分解难点法。对于由于教学内容复杂使培训师难以讲清或学员难以理解的教学难点，可以采用分解难点、各个击破这种方式方法去加以突破。它要求将一个大难点分解为若干个小难点，然后采用适当的方式方法逐个突破这些小难点，从而达到突破整个大难点的目的。

（5）温故知新法。对于旧知识和技能掌握不牢固，使学员难以接受新知识和技能而产生的教学难点，可以采用温故知新这种方式方法去加以突破。它要求培训师根据新旧知识的内在联系，有针对性地引导学员进一步复习巩固旧的知识和技能，以达到温故知新的目的。

（6）实践应用法。对学员进行基础知识的实际应用和对基本技能的实际训练，再加上培训师及时、具体的现场指导，有利于调动培训师和学员两个方面的主动性和积极性，易于突破难点。

（7）阶段回顾法。抓住难点，阶段回顾，掌握节奏。当某个部分的内容结束后，培训师可以停下来，利用一点时间进行总结回顾，这样的方式会给学员一个清晰的头绪。总结回顾的方式可以是培训师对重点难点问题进行总结，也可以采用提问的方式进行回顾总结，实际上提问也是培训师与学员的一个互动过程。对于回答正确的学员，培训师不要吝惜自己的称赞。

总之，对于培训当中一些重点难点的问题，不要总是采用一步到位的方法，而是采用提出问题，围绕问题进行分析，最后再水到渠成地找到答案。这种方式使学员的思路跟着培训师思考，然后得到最终的答案。重点、难点的教学时间应该不少于总时间的 1/2。

（二）安排练习的技巧

练习是学员在培训师的指导下巩固知识，形成技能技巧的过程。练习的特点在于应用知识，形成技能、技巧，达到学懂会用的目的。它能够加深知识的理解和消化、巩固知识，改变工作态度，是知识转化为技能技巧的重要途径，有助于发展学员的认识能力和创造才能。

1. 课堂练习常见的主要问题

➢ 重讲授，忽视练习。

➢ 练习缺乏针对性。

➢ 练习过程失控。

➢ 反馈不及时。

2. 课堂练习设计的基本原则

大家都知道课堂练习非常重要，那么我们如何来设计课堂练习呢？课堂练习是课堂教学的重要组成部分。优化课堂教学必须研究课堂练习的优化。以学员为主体，以教学内容为依据，从完成课堂教学目标出发，有针对性地设计课堂练习，做到重点突出、精益求精、机动灵活、逻辑性强，使课堂练习优化。

（1）课堂练习的设计必须针对教学目标。离开教学目标而设计的练习对教学是一点益处也没有的。教学目标是整节课的"指挥棒"，所有的教学活动都应紧紧围绕它而展开。如果设计过难过偏甚至与本知识点无关的练习，对教学都没有益处，甚至起到相反的作用，可见，课堂练习的设计必须根据教学内容和提出的教学目标，准确地把握住各部分知识结构中的重点和难点；必须符合学员思维特点和认知、发展的客观规律。

（2）练习要精选，提高课堂练习题的利用率。练习要有一定数量，但要与效果成正比，不能机械重复。同时，一个知识网络是由知识点连续而成的，练习设计必须覆盖到该堂课的知识点，因此必须保证内容的完整性、技能的典型性、选题的针对性，力求小题量获得最好的练习效果，所以，选题贵在精，教师要充分挖掘题目中的内涵，让每一题都充分发挥自己的"特色"，提高它的利用率。设计有层次，由浅入深，由易到难，循序渐进，减缓梯度，也能体现新旧知识的比较综合以及对新知识的引申发展与思考。所以，练习题的设计不仅要合理地选择而且要充分发挥它的价值，分层设计，提高利用率。

（3）课堂练习的设计可以考虑多样性、趣味性、生活性。学员的思维特征应以具体形象为主要形式逐步向抽象逻辑思维为主要形式过渡。但是，仍然带有很大的具体性。所以，课堂练习的设计要追求题型、练习方式的多样化，这样可以使学员学得主动、学得积极、学得扎实、学得有趣、学得灵活。可以设计一些单选练习、选择练习、判断练习、案例练习、游戏练习，角色演练练习，实际操作练习，集体练习，独立练习，让学员既要动手，又要动口，还要动脑。这样可以寓练与乐，练中生趣，使学员感到轻松有趣，让学员充满自信，既能减轻学员练习的心理负担，又能提高练习的效率。

3. 安排练习的技巧

（1）使学员明确练习的目的和要求，掌握有关基本知识，增强练习的自觉性。要对练习提出要求。一方面，做练习前要提出练习的目的；另一方面，对不同性质的练习活动要有不同的要求。

（2）要安排好练习内容。一方面，所练材料要以培训的重点为中心；另一方面，要考虑好教学的次序和侧重点。

（3）练习安排要有计划性，方式要多样化，时间分配要合理。

（4）要安排好个别练习的数量和面，量要超过集体练习，面要广，要包含上、中、下不同程度的学员。

（5）引导学员掌握正确的练习方法。练习方法包括思维方法和动作方法。要安排好练习的形式。

（6）要给学员留几分钟消化、自练、自记的时间。

（7）及时反馈。没有反馈的练习，就像在学校做完了一份考题，培训师没有针对错题进行讲解一样。看不到结果的练习等于没有练习。在课堂教学中，反馈是对学员学习结果最有效的保障，反馈能够告诉他们的表现是否适当。从培训师的角度看，反馈既有纠正作用，又有确认作用；反馈既能让学员改正错误，又能让学员了解是部分还是完全掌握了所学内容。提问和课堂小测验是课堂反馈的常见形式，培训师要善于应用这两种形式得到反馈结果。

（三）课堂提问的技巧

课堂提问是指在课堂教学中，培训师根据一定的教学目标要求，针对教学内容，教学的重点、难点以及学员实际，设置一系列问题情境，要求学员思考回答，促进学员积极思维，提高教学质量的一种教学手段。提问是一种启发式教学方法，是组织课堂教学的重要环节，它不仅能启发学员思维，活跃课堂气氛，而且有利于激发学员的学习兴趣。培训师进行课堂提问时应注意以下几个方面。

1. 应问在学员有疑问处

培训师设置的提问，需问在学员有疑处，有疑问才会有争论，有争论才能辨别是非，也才能引起学员探求知识及解决问题的兴趣，特别是经过培训师的引导，学员之间的交流，使问题得到解决，会有一种"洞然若开""豁然开朗"之感。不仅使学员心理上、精神上得到满足，还大大增强了学员学习的自信心。

学员之疑一般有两种层次：一是自学已有疑，疑而不解；二是自知无疑却有疑。对学员自知有疑之处培训师要引导学员大胆把疑问讲出来，让学员谈自己的理解。然后培训师把对此问题的多种疑问一一列出，逐步解决；对学员自以为无疑的地方，由培训师来提出问题，促进学员进一步深入地思考、讨论，探究正确地结论。学员提出问题的层次一般是一种浅表性的疑问，而培训师对学员的提问一般是深层次的探讨，特别是探究事物的本质规律方面更深一层。由此学员看到自己思考与培训师思考的差距以及思考解决问题方式的差距，使学员学会思考。

2. 提问设置要有启发性

启发性提问能激起学员强烈的学习兴趣和动机，引起学员探究知识本质的愿望，促进学员思维。启发性提问更能促进学员积极思考，发展学员的创新思维。学员的学历背景及在工作中积累的经验是不可低估的，这些都是学员思考的源泉。学员的想象力也是十分丰富的，培训师要呵护学员的想象，诱导和启发学员的想象。因此，培训师在设置提问时要通过这一问收到"问渠哪得清如许，为有源头活水来"的意境来，通过这一问，使学员能开动脑筋积极思考、大胆想象。更通过这一问使学员产生一种"欲罢不能，跃跃欲试"之态。这样，思维的火花、智慧的灵感就会不断产生。

3. 问题设置要能激起学员探究的兴趣

在培训中，非智力因素对学员学习的作用是非常大的，特别是情绪对学员学习效率和效果更是起着举足轻重的作用。为此，培训师提出的问题要能激起学员探究的兴趣，使学员的情绪处于积极亢奋状态，激发学员寻找正确答案的积极性。培训师要设计与学员工作实际密切相关的问题，而且问题设计形式要多样。

4. 问题设置要目的明确、难度适中

提问要有明确的目的，这是课堂提问成败的先决条件。课堂提问的目的应服从于总的教学目标和任务，但在具体教学过程中，培训师应根据每堂课的教学目标、任务提出不同类型的问题。提问的内容要具体、准确。提问前，必须对提问的目的、范围、程度、角度进行反复设计，不要问得太广太深。

培训师设置的问题难度要适中，既不能设置太容易，学员不用过多思考动脑就能回答出来，也不能设置太难，使学员百思不得其解。因此要"让学员跳起来就能摘到苹果"。这就是说：要让学员经过思考、努力、交流合作基本上可以把问题解决。

5. 提问时要面带微笑，切忌态度生硬

从心理学的角度来说，教师的面部表情、语言语调、举手投足对学员思维活动的开展都有一定的影响。如提问时培训师表现出不耐烦，动辄训斥刁难，则会使学员惧怕、回避，甚至生厌，阻碍教学进程。相反，培训师面带微笑、用期盼与鼓励的目光则增强学员的信心，使其思路清晰，回答准确，语言优美，从而更加喜爱培训师和培训课程。

提个醒

培训师不易自察的常见错误提问法

课堂提问是培训师在课堂教学过程中为了调查学情、反馈教学、促进学习、引发思考等而采用的常规教学形式。但是，在具体实施过程中，常常出现一些"带病"的问法。

1. 闪电式提问

不给学员留思考时间，陈述问题以后马上就提问；或者不给学员反思回顾时间，事先也不打招呼，踏上讲台就提问。这种提问特殊情况下可以使用，例如为了考察某一学员的反映情况；或者看到某一学员没有注意听讲，于是突然向他发问，以做"警示"。但是在一般情况下，提出问题以后必须给学员思考时间，因为提问的目的是反馈学员理解的情况，不是故意让学员难堪。提问之前先让学员思考，这时学员的思考能较为深入和认真，让学员开动脑筋思考一下，把问题想清楚，这实际上是一个编码、加工、同化的过程。知识的传授不同于实物的传授，在一交一接之间就完成了。它必须经过个人的体验、加工、建构，将外在的知识（社会公有的知识）转化为自己内在的知识（个人的知识）。上课就是要调动学员思维，训练学员思维，打造其优秀的思维品质。

2. 追击式提问

对某个学员连续发问，直到问得张口结舌，有人称为"追穷寇"。这种问法，使本来应是培训师与全体学员的交流变成了培训师与一个人的交流。而且，在这种"变形"的交流中，被问的学员紧张、尴尬、"丢人现眼"；而其他学员，看到培训师没有转移提问对象的意思，便放松了自己，有的甚至放弃思考，成了看客。被问的学员作为主体"伤害"着，其他学员作为主体苦熬着，这时的效率往往很低，有时甚至产生负面效应。

3. 牵引式提问

牵引式提问的表现形式是：培训师的问话中隐含正确答案，问的目的不是希望得到答案，而是想求得学员的认同。这种问话，较多的是正反问，常用"是不是""能不能"等话头；有的用"推测问"："这是 A 吧？""下一步就应该……吧？""这样一来，就……了吧？""这就是 A，是吧？""下一步就应该……是不是？""下一步就……对吧？"学员的回答是培训师暗示出来的，根本没有经过大脑思考。

4. 突袭式提问

这种问法的特点是先提名叫站，然后才提出问题。由于学员没有思考时间，提出的问题如果不是特别简单一般学员是难以回答出来的。不但被问的学员回答不上来，而且其他学员也不可能真正进入思维状态，因为他们没有接受作答的任务，不会产生问题情境，当然也就不会引起积极思维活动。

5. 追加式提问

叫站后临时加码。如陈述问题时问的是"什么是什么",但学员回答以后,又接着问"为什么"。这种随意性很强的"追加",往往使被问的学员张口结舌,导致提问的失败。出现这种临时追加的随意性提问,主要在于培训师没有认识到课堂提问作为重要的教学形式是需要认真准备、精心设计、系统考虑的。知识之间是相互联系的,当我们提出某一问题的时候,应该想到与它联系的其他问题或问题的其他方面。要设计好问题的先后顺序、梯度坡度,把握好问题的难易层次,由易到难、由浅入深、环环相扣、步步深入,构成一个有机的系统,然后引导学员逐一解决。

6. 冷落性提问

学员被叫站以后,答了一句半句,便不再问他,而是让其他学员回答,于是这位被叫站的学员被冷落一旁,十分难堪。造成这种情况的原因较多,有的是其他学员接过话头,培训师失去控制,全班随声附和,不得已造成的;有时是教学风格不严谨,习惯于随意操作,造成无序乱章,而自己一点也不觉察。

7. 频发性提问

频发性提问也叫"碎问""满堂问"。满堂问现象的表现可概括为:问得多、问得死、问得浅。

问得多表现在培训师在课堂上频繁提问,不注意选择时机、内容、对象、方法,过分追求问题的数量,追求学员回答问题的热闹气氛，在不该设问处设问，提问题几乎成了培训师启发学员的唯一方法，而其他的方法则被忽视了。

问得死表现在培训师用自己设计的问题牵着学员走，在踊跃回答问题的假象中，学员的思维被圈死，失去思考问题的主动性，失去展示个性思维的机会。

问得浅表现在培训师的提问停留在较浅的层次上。从教学实践看，满堂问式的教学，培训师的提问往往在知识水平、理解水平、应用水平三个层次上，很少达到分析水平、综合水平、评价水平三个层次。

四、结课的技巧

（一）结课的作用

课末小结是培训师每堂课都要进行的工作，搞好课末小结，对于加深学员对本节课所学知识的理解，巩固当堂所学的知识，掌握规律性的东西，激发学员课后继续学习，都有着重要的作用。课堂小结的作用如下。

1. 梳理知识

韩愈说："记事者必提其要，篡言者必钩其玄。"一节课下来，学员接受的信息量也许很大，因而需要通过小结，按其知识内在规律，有机排列组合，形成明晰的条理。把所授知识经过整理归纳、提炼概括形成新概念，这样更利于学员理解掌握。

2. 强化记忆

趁热打铁是一种强化记忆的有效手段，及时回忆是提高教学效率的重要措施。通过背诵、练习、思辨、游戏等方式，让课堂知识及时重现、有机整合、逐步深化，促使学员举一反三，实现迁移。

3. 激发兴趣

通过展示风采、设置悬念等方式，让学员思维始终处于亢奋状态，这不仅有利于本节课的课堂教学，同时，对于下一堂课还能起着一定的提示和期待作用。

（二）结课的方法

古人写文章讲究"凤头——猪肚——豹尾"，总喜欢设计一个坚强有力、发人深省的结尾；演戏则追求在高潮过后设计一个精彩的结局，力求演透而不演绝，让人回味无穷。一堂精彩的课，和写文章、演戏一样，不仅追求有一个扣人心弦的开头，高潮迭起的过程，也期望有一个富有新意，耐人寻味的结尾。当一节课临近结束时，如果培训师习惯于常用的总结归纳式"通过今天的学习，我们懂得了……"或质疑式"学了本课，你还有什么不懂……"学员也许因为早已习惯而产生厌烦，觉得枯燥乏味而分散注意力，这样的结课往往就失去了一定的意义。俗话说得好，"编筐编篓，重在收口。"如何使结课别具一格，如何充分调动学员的积极性，让学员产生新的学习兴趣。从内容和形式来看，主要有以下几种结课方法。

1. 总结归纳法

为了帮助学员理清所学知识的层次结构，掌握其外在的形式和内在联系，形成知识系列及一定的结构框架，在课堂结尾时利用简洁准确的语言、文字、表格、图示，将一堂课（或包括前几堂课）所学的主要内容、知识结构进行总结归纳。这种小结繁简得当，目的明确，且有一定的实际意义，而绝不是依教学的时间顺序，简单地读一遍板书各纲目的标题就能完成的，它应能准确地抓住每一知识的外在实质和内在的完整性，从而有助于学员掌握知识的重点和知识的系统性。

这种方式的结尾，一般用于新知识密度大的课型，一般有讲解、列表、图示等方法。

2. 回顾法

回顾法就是培训师提出问题，学员根据问题回顾小结的方法。培训师抓住解决问题的关键提出问题，学员根据问题对所学知识回顾。例如培训师可设计以下问题：

（1）这节课学习了什么知识，哪些是最重要的，最关键的？

（2）所学新知识"新"在哪里？

（3）在这节课中，你掌握得最好的是哪些知识并摸到了什么规律？

（4）你是用什么方法学到的？其根据是什么？

（5）还有哪些疑难问题需要提出来讨论？

通过对几个问题的回答，使学员掌握了解决问题的规律，理清了知识点间的关系，使学员对所学知识加深理解和消化，增加了记忆。

回顾法不但使学员澄清了模糊认识，加深了学员对知识的理解，而且使学员获得知识的过程得到再现，从中学会解决问题的方法。

3. 练习巩固法

此法通常是针对学员理解概念规律易出现的问题，精心设计相应的典型练习题，在课堂结尾时，用几分钟时间，通过提问、板书演练、讨论或小测验手段实施，从而完善学员对概念、规律的理解和掌握。

4. 图示表格法

此法通常是培训师指导学员用图示或列表的方法，归纳小结出当堂课所学的知识，或揭示与以前所学知识的区别与联系。

5. 开放法

这种小结是变培训师"权威性结语"为学员自己总结的开放性方法。学员在一节课中学习新知后，他们的思维和非智力因素正处在最佳状态，培训师就要抓住契机，结合学员的心理，采用开放式的方法，因势利导，启发学员归纳小结，有利于对新知识的巩固和深化。例如，培训师说："谁能替老师给这节课总结一下，我们这节课学习了什么？重点学了什么？同学们可以看书、研讨、争辩、看谁说得最好。"待学员小结后，由培训师评议。这种开放性的课堂小结，不仅能培养学员认真听讲的习惯，而且能培养和发展学员的独立思考，积极思维的能力。

好的结尾或"高潮迭起"，或"画龙点睛"，或"前后呼应"，或"又入佳境"，激发学员进一步的思考或学习活动，成为连接课内与课外，连接前后两节课的纽带，课的结尾没有固定的模式，应针对不同的课堂教学类型，根据不同的教学内容和要求，考虑学员的知识结构，智力水平，年龄特点和心理特点，精心设计出与之适应的课堂结尾，可收到事半功倍的效果。

（三）结课应避免的问题

应避免的问题，大体来说有五个方面：

（1）喧宾夺主。即是完全由培训师在表演，或是由几名所谓的优秀学员在作秀，没有面向全体，没有真正体现学员主体。

（2）哗众取宠。比如有的培训师喜欢用一些空洞的名言警句，或是一组貌似恢弘的排比句，作华丽收场，使得课堂收尾趋于单向与肤浅。

（3）拖泥带水。把结课看成教学主要内容的简单重复，叙述中语言不够简练，冗长拖沓，而且还力求面面俱到，没有主次之分。

（4）涛声依旧。不分课型，不扣目标，不问学情，完全用一种模式来收结，使得课堂收尾形式呆板。

（5）草率行事。备课时不计划，上课中无思考，到了课尾便沿用老一套，如"请大家各自把本节课学习内容梳理一下"，看似相信学员，实则打无准备之仗。

知识拓展

培训师授课的十五个禁忌

培训的重要性决定了培训师的重要性。培训师的水平直接影响到学员的接受程度和培训效果。作为一名培训师应当清楚在授课时忌讳以下几点：

（1）忌故弄玄虚。有些培训师一出场便"先声夺人"，自我介绍占去很多时间。学历、资历不等于水平，培训师最终要靠培训效果。

（2）忌高深莫测。有的培训师故意将课题讲得很高深，似乎这样才能体现自己的水准，但对于一些学员来说这不亚于在"说天书"，华而不实。学员听不懂，感到可望而不可及，学习的自信心会受挫。

（3）忌照本宣科。培训教材只是一种授课工具，仅此而已！一堂课照本宣科、平铺直叙、重点不突出、目地不明确、脱离实际地讲下来的课没有多大实际意义。培训的关键是讲解，通过培训师的"讲"达到学员"解"，学员们听懂理解才是目的。

（4）忌念流水账。有些培训师课讲得十分呆板，从大标题到小标题，从大概念到小概念，一、二、三、四、五依次下来，面面俱到，全面开花，虽然条理清晰，泾渭分明，但平淡无味，像和尚念经书，勾不起学员的学习兴趣来，很难达到培训的预期效果。

（5）忌满堂灌。有的培训课堂一讲到底，全部都是课程内容，不给学员一点讨论、思考和交流的时间，学员的脑子里装不了，本子上记不完，应接不暇，没有一点轻松愉快的"小插曲"，培训师讲得累，学员听得更累。

（6）忌拖延课时。善于掌控时间是一名优秀培训师的必备条件之一。在有限的课时里，自我介绍、课程导入、内容展开、问题讨论、课程结尾各用多长时间必须严格掌握，不可在某个自己感兴趣的环节上任意发挥，造成课时的拖延，挤掉课间休息时间，造成学员听课后非常疲惫，给下节课的培训造成不便，严重时会打乱了整体培训计划，造成整个培训环节的失调。

（7）忌语言障碍。培训师应当用一口流利的普通话讲课，但有些人讲起课来口语太多，如"是不是？对不对？……"，语气词过多使用"呢、啦、吧、啊"等。培训师过去长期形成的不良口语习惯，带到课堂上会大大降低授课效果。

（8）忌离题太远。有的培训师总是不自觉地按自己的思路信马由缰，任意发挥，课程中心内容被冲淡。讲课应围绕课题中心发挥而不能太随意，离题太远，山南海北不着边际，学员如堕五里雾中。

（9）忌死气沉沉。学员年龄、学历、经历、阅历不尽相同，其接受能力、理解能力大相径庭。所以，培训师须善于调节课堂氛围，设法吸引每个学员的注意力，切忌枯燥乏味，死气沉沉，催人欲睡。

（10）忌无限煽情。培训师以精彩讲解去感染学员，打动学员，但切勿为了做到这一点而一味煽情。如有些培训师还没上台就开始煽情：一边往讲台上小跑一边有节奏地击掌，喊着："来—来—来—，大家跟我一起来，动起来……!!!"确实够煽情的，切不可运用过多。在新人培训班上尤其不宜。互动的目的不是好玩，为动而动，而是为课程内容服务的，不可无限煽情，否则就有哗众取宠之嫌了。

（11）忌做笑话篓子。有的培训师喜欢讲故事和笑话，俨然一个故事笑话篓子，嘻嘻哈哈一节课，热闹得很，学员笑声不断，但挤掉了很多课程内容，未免喧宾夺主。活跃是为了使学员注意力集中，提高学习兴趣，所讲的故事、笑话也要与课程内容有关。当然，那些低级趣味的故事笑话就更不宜搬到培训课堂上来。

（12）忌当众批评。学员不同于在校学生，他们的生活阅历、社会地位、品质个性有很大的区别，加之成年人自尊心都很强，所以，一般不宜当众提出批评，否则容易造成尴尬局面，使学员产生抵触情绪和逆反心理。

（13）忌居高临下。许多原来在学校讲了七八年课的老师反而没有企业培训师的课讲得好，原因就在于受众不同，但他讲课的方式方法却没有改变。学员不喜欢被说教，不希望被灌输，他们喜欢接受平等的相互交流式的讲课方式。"教学相长"在培训课堂上体现得淋漓尽致。

（14）忌衣饰不得体。"师者，传道授业解惑也"，这是培训师的神圣使命。而为师者的"为人师表"则体现在各个方面，其中培训师的衣着和身上的饰物是一个很重要的方面。男性培训师不可以开着上衣扣、领带歪斜、皮鞋脏兮兮；而女性培训师则不宜带饰物过多、过大或者过艳。整体上必须做到稳重简洁、儒雅得体、恰到好处。

（15）忌肢体语言不当。肢体语言是培训师重要的辅助语言，大有讲究。不可以没有，也不可以太夸张，更不可以太随意，如讲课时两手插兜，倒背两手，两手交叉抱臂，两手叉腰，或者用手指指向某位学员等，都是不懂肢体语言的表现。

第二节　培训师课堂掌控

培训师的课堂掌控能力是指培训师为了保证课堂教学的成功，达到一定的预期教学目标，在教学的全过程中，将教学活动本身作为意识的对象，不断地对其进行积极、主动的评价、反馈、调节和控制的能力。

图 4－6

论及课堂教学时，没有谁会青睐"掌控"这样的措辞，因为它隐隐透出培训师垄断课堂、教学呆板的意味，然而细细琢磨，发觉"掌控"一词用来表明培训师管理课堂、明确培训师职责还是合适的。掌控、调控、监控是一组近义词，监控是监督控制，课堂监控主要指培训师对教学活动的监测、反思；调控是调节控制，主要指培训师对教学策略及管理策略的运用；掌控是主持、掌握、控制，不使之任意活动或超出范围。课堂掌控包含了课堂调控和监控，课堂"掌控"中的学员有着自己的自主权，只不过培训师在整体上、全局上对课堂进行了引导。采用"掌控"一词指的是能让课堂组织严密、秩序良好、纪律严明、卓有成效地运作起来。

培训师的课堂掌控能力非常重要，掌控得好，教学活动就能顺利完成，达到目标；掌控不好，一堂课就会肤浅、乱哄哄，导致失败。不同培训师课堂掌控能力是有高低之分的，成功的掌控使课堂焕发光彩，不得力的掌控使课堂失去思维的深度和广度，它直接影响着课堂的教学质量。下面结合一些培训教学细节谈谈如何提高培训师的课堂掌控能力。

一、课堂教学的有效调控方法

培训师要顺利完成教学任务，发挥好课堂的作用，就要通过有效的课堂调控，来创造和维持一个良好的课堂秩序，为教学设计方案的顺利实施创造条件，为预定教学目标的达成提供保障。

（一）情绪调控，注活力课堂

调控好课堂，先从调控好培训师自己的情绪开始。情绪情感具有感染性，培训师的情绪直接影响着学员的情绪，是影响学员注意力最敏感的因素之一。

倘若培训师板着脸孔，学员就会望而生畏，敬而远之。如果培训师态度凶狠，学员就会胆怯紧张、焦虑不安。培训师无精打采、两眼无神，讲课有气无力，学员就会情绪低落，心不在焉，甚至睡意蒙眬，对于培训师的讲授听而不闻。

因此，培训师在课堂教学中，要努力将自己的情绪调整到最佳状态，不要把生活中遇到的一些不好的心情带入课堂，始终以饱满的激情投入教学，关爱学员，以自己积极、乐观、激昂的情绪带动学员。培训师应在上课前将自己的情绪调整好，以尽快进入教学"角色"。

一是排除干扰。课前提前几分钟到培训教室门外，做几次深呼吸，把一些杂念、不良情绪排除在教室之外再走进教室。

二是意念界定。让自己想象一些美好的事物，如阳光、山川、大海等，让自己身心舒畅，感受到快乐再进教室。

这样才会以饱满的、愉快的、积极的、自信的情绪投入教学，为学员创设一种良好的学习情境，使学员在潜移默化中受到培训师情绪的感染，随着培训师的快乐而快乐，随着培训师的激奋而激奋，全身心地投入学习中去。整个课堂教学便处在培训师积极主动的情绪调控之中，形成良好的教学气氛。

（二）能力调控，展魅力课堂

课堂调控要得法，还需培训师不断学习钻研、归纳总结。一是看你是否有足够知识素养，对学员感兴趣的事物如数家珍。二是看你整个课堂驾驭能力。三是看你是否具备作为培训师最基本的技能要求了，如你的板书、你的口头表达能力、你的体态神情等。

此外，一个品格高尚的培训师往往在学员心中有很高的威望，比如"知错必改""明辨是非""体贴学员""讲究卫生""举止文明"等这些看似与课堂教学并无关系或关系不大的因素，培训师若注意到了，却能对学员起到潜移默化的影响。正所谓，"学高为师，身正为范"。

1. 较强的学习能力

"巧妇难为无米之炊"。对培训师而言，这"米"太重要了，就是说自己一定要有料。多看书，如本行业的杂志、教育理论著作、本专业期刊、经典文学作品等，它可以活跃思维、丰富语言，不断提高自己作为培训师的教育教学的基本素质。

此外，常常听别人的课，能取人之长，补己之短。梅兰芳说："不听别人的戏，就演不了自己的戏"，就是这个道理。

2. 积极的思维能力

多思，是知识内化的必经之路，只有多思，才能把读来的知识变为培训师的能力。

3. 灵活的应变能力

毕竟教案是死的，而师生的思维是活的，所以要审时度势，据课堂教学实际情况灵活把握，认真对待每一节课。

4. 良好的亲和力

培训师要有亲和力，让学员感到你的和蔼可亲，朋友似的关怀，这样才能营造关系融洽、配合默契的心理气氛。

5. 丰富的语言能力

有位教育家曾说："教学语言是最重要的教学手段。"在课堂教学中，知识的传播，思维的引导，认识的提高，能力的培养，处处都需要通过语言这个载体来实施。

6. 敏锐的观察能力

学员是否有兴趣，是否在积极思考，是否走神了等。根据来自学员的反馈信息，随时调整自己的教学速度、方法，以便调动学员的积极性，减少他们过度紧张或消沉的情绪。同样，学员通过观察，也能了解培训师的内心情况。

7. 调整节奏的能力

教学节奏还应该有所变化，时快时慢，总是保持一样的节奏也会使学员厌烦。培训师在课堂上要高度关注学员学习的状态，随时与学员沟通，根据学员的反应不断调整节奏。

（三）兴趣调控，创欢乐课堂

兴趣是推动学员获得知识和技能的直接内在动力。

1. 精心设计课堂引言

俗话说："万事开头难。"每节课运用多样的引言，是抓住学员的关键。引言选择要恰当新颖，具有启发性、科学性、艺术性和趣味性，善于利用情境教学法，巧妙地选择所学知识的结合点，用生动的描绘激发学员浓厚的学习兴趣，可以起到一石激起千层浪的效果，使之进入最佳求知欲状态。

2. 恰当采用多媒体教学

培训师在进行教学活动中，合理地运用幻灯、投影、电影、录音、录像等现代教学媒体，充分创造出一个图文并茂、有声有色、生动逼真、妙趣横生的教学环境。

3. 适时开展学员活动

一节好的教学课好比是师生共同演出的优秀话剧，培训师和学员轮流当主角，互为配角，师动则生静，生动则师静，在课堂上形成师生一体、动静互衬的和谐场面，做到"放"得开，"收"得拢。

（四）机智调控，建和谐课堂

如何根据学员的身心特征机智地调控课堂呢？

1. 目光注视法

培训师的目光注视可以在学员中引起相关的心理效应，产生或亲近或疏远或尊重或反感的情绪，进而影响教学效果。因此，教学中可以巧妙地运用目光注视来组织课堂教学。如开始上课时，教师用亲切的目光注视全体学员，使学员情绪安定下来，愉快地投入学习。再如，课上有学员注意力不集中，培训师可以用目光注视提醒学员注意听讲等。

2. 表情控制法

丰富的表情变化也可以起到控制学员注意力的作用。培训师可通过表情来表达对学员的暗示、警告、提示、期待、鼓励、探询、疑惑等情感。培训师面部表情、头部动作、手势及身体的移动可传递丰富的信息，有助于沟通师生间的交流，调控学员的注意力。

3. 声音控制法

声音控制法指培训师通过语调、音量、节奏和速度的变化，来引起和控制学员的注意。例如，当培训师从一种讲话速度变到另一种速度时，已分散的注意力会重新集中起来。在讲解中适当加大音量，也可以起到加强注意和突出重点的作用。培训师要声音洪亮、吐字清晰，语速适中。培训师的声音是学员保持注意力的一个非常关键的因素。如果培训师有气无力，学员怎么能有一个好的状态呢？所以首先要调整好自己的感觉。

4. 停顿法

适当的停顿，能够有效地引起学员的注意力，可以产生明显的刺激对比效应。喧闹中突然出现的寂静，可以紧紧抓住学员的注意力。一般来说，停顿的时间以三秒左右为宜。这样的停顿足以引起学员的注意。停顿时间不可过长，长时间停顿反而会导致学员注意力涣散。

5. 适时点拨法

课堂气氛有时会达到"沸腾"状态，为某一个问题争论不休，或有个别学员"跑题"，这时，培训师需要适时调整教学的基调，使用适当的点拨艺术，使学员的思维回到正确的轨道上来，以保持思维的紧张度和严密性，宽松而不涣散，严谨而不紧张。

6. 授课时间控制法

我们经常遇到这样的问题，培训师不注意时间，自己还在台上讲得津津有味，但是下面的学员已经表现出不耐烦。技术培训或多或少是枯燥的，培训师应该控制授课时间，一般保持在四十五分钟到六十分钟比较合适。课堂生动，少讲多做，多讨论。成人学习的一个特点就是强调学习的主动性，所以课堂的生动性、多样性很关键。培训师尽量少讲多做多讨论，让学员有参与分享的机会。

7. 气氛调节法

当发现有些学员无精打采甚至在睡觉，继续讲下去只是徒劳无效的，这时候我们需要对课堂气氛进行调节。可以采用事先准备好的游戏或讲一个和教学内容有关的故事，让大家参与进来，对课堂的气氛起到调节的作用。

总之，课堂调控是一门艺术。培训师要想在课堂上游刃有余、调控适度，不仅要有扎实而深厚的知识功底、对课程内容的深入领会，还要对课堂教学策略和方法有深入的研究。培训师要在教学实践中不断尝试、不断反思和进一步改进，这是一个长期的反复实践探索的过程。有了这个过程，培训师的能力将不断提高；教学的艺术将逐渐形成；课堂教学的理想境界将在探索中得以实现。

二、培训师如何掌控课堂纪律

英国哲学家伯克说："良好的秩序是一切美好事物的基础。"同样，良好的课堂纪律才能让每一个学员都能融入到教学活动中，学员学得开心，培训师教得顺心，圆满完成预期的教学目标，培训师管理好课堂纪律是教学活动正常进行的基本保证，也是培训师课堂掌控的主要内容。

并不是每一堂课，纪律都会跟想象中一样可控；也并不是每一位学员，都是"听话"和配合的。在你的课堂上，也许有人打手机，也许有人相互交谈，也许有人在睡觉，也许有人无聊地发着短信，还有人幸灾乐祸看着你唾沫横飞，当然，还有人不停地走进走出，有人半途退场，有人身在曹营心在汉，面对"不听话"的学员，培训师如何应对，面对这一切，你如何应对？

企业培训课堂上，这是每一位培训师所必须面对的现实。

我们首先要承认，以上这些都是很正常的学员表现，不要惊讶，也不要愤怒，更不要失控。我们不妨先分析一下学员为什么会有如此让人头疼的表现？

归纳起来，大致原因有三。

（一）课程设计不合理

一门课程从需求开发到逻辑架构，再到核心思想和内容，最后到辅助素材和美化设计，必须经过详细推敲和论证的。好的教学目标明确、脉络清晰、内容新颖、思想独到，并且通俗、易懂、精练，实用性强，章节之间衔接顺畅，素材丰富而吸引学员。每一个内容板块都设计相应的教学方法，充分运用讲授法、案例法、讨论法、演示法、游戏法等丰富多彩的教学方式，让学员在授课过程中不断接受惊喜，获得认同，逐渐与培训师、与课程融为一体。

与此相反的是，有些课程因为没有经过认真斟酌严格考证的设计，内容单一、逻辑混乱、相互脱节，比如一开始就是思想教育、条条框框，或者照搬照抄、拿来主义，最明显的是企业规章制度和企业文化的培训，由于其内容单一，并且具有强制性，学员普遍反感和无趣。

（二）讲授风格不受学员认可

好的厨师，土豆都能炒出花样；而蹩脚的厨师，山珍海味照样熬成糊。

即使有好的课程设计，没有好的培训师，课堂气氛还是不能有效改善的。授课风格和讲授方式其实在课程设计中已经安排好了，面对什么样的内容适用什么样的教学方法、使用什么样的风格都有严格的要求，看人下单、对症下药才能使课堂气氛得到理想效果。

讲授风格受到培训师本人性格影响很大，每一位优秀的培训师有必要塑造自己的台风，尤其是严肃型的、呆板型的、逻辑型的培训师，所有学员都期望能在一种轻松的氛围中接受知识。

（三）学员自身原因

学员自身原因包括两种情况。一是真的有事情在忙，由于领导或者客户有事情要处理，不得已在课堂上忙东忙西、手忙脚乱。二是本人品格问题，从来不知道尊重他人，习惯捣乱等。即便如此，培训师还是不能直白地要求学员这样那样，不能训斥，甚至不可以批评。

企业培训针对的是成人，学员跟你在关系上是平等的，甚至有些人是长辈、上级，这跟学校教育的单向授课完全不同；学员都已成年，具有自己的知识、经历和世界观，不能强加任何观念于学员，学员也不喜欢被人批评，毕竟，没有这个资格。

因此，要控制好课堂纪律，必须从尊重学员的前提出发，尽可能不伤害到他的自尊，但又可以提醒他，让他知道自己已经妨碍了正常的培训秩序。

1. 审视你的课程设计

单一的理论和课堂讲授法很让学员头疼，谁都受不了，培训师必须审视自己的课程设计是否合理，是否需要添加互动、问答、游戏、趣味资料、分组讨论等内容，一定要让学员参与进来，他才会全神贯注。

2. 审视你的授课风格

培训师的风格决定课堂氛围，枯燥而严肃的讲解只能让学员昏昏欲睡，培训师需要表现足够的热情和亲和力，需要准备足够多的激发学员兴趣的各种信息和内容，要站在学员的角度来授课，要控制自己的语气、语速和语调，而且减少口头禅和方言，不要以上级的口吻进行宣讲，政治教育谁都不喜欢。培训师甚至要注意一些容易忽略的细节，比如视线是否照顾了每一位学员，请学员回答问题的手势是否得体，板书是否足够清楚和细致等。

3. 学员自身出现的问题，根据具体情况区别对待

实在有事情忙碌的，要请其到外面去处理，并且限定他多少时间必须回来；或者在课前就让培训助理将所有手机没收代接，课间允许他们处理业务，以保证课堂质量。而面对其他情况的问题学员，建议如下：

（1）慢慢地、好像无意识地走向他不远处的位子，站在他身边授课，让你的声音足以"吵"到他的耳朵。

（2）逐个由他身边三、四个人开始提问，但最后的目标就是他，要让他知道你要提问了，但不要直接问他，否则可能产生不愉快。

（3）课前申明规则，比如请大家相互监督课堂纪律，为了保证培训效果，凡课堂上有私自讲话、睡觉、打手机者，左边和右边的人要现场罚扣 10 分成绩，以此来通过其他人影响和约束他。

（4）实在不行，停下你的授课，看着他，这时候，其他的学员都会不约而同地看向他的，当全班的学员都注视他的时候，开玩笑地问：这位学员是否有很开心的事情需要跟大家分享的？不妨给大家讲一下吧！把问题抛给他，让他自己觉得自己很没趣。

（5）设立班长，负责记录课堂纪律，并且跟培训考核挂钩。最绝的是，秘密指定班长，谁都不知道谁是班长，谁都可能是班长，以此塑造一种"白色恐怖"镇住那些"不听话"的学员。

三、特殊情况的处理办法

无论培训师前期准备得多么充分，课堂教学过程中仍然会出现一些让人措手不及的突发事件，这些突发事件极有可能打乱事先设计好的教学秩序。所以培训师必须具备一定的技巧，来分析和应对任何可能出现的突发事件和场面。

（一）培训师忘词

忘词是培训师在培训过程中经常会出现的现象。这无可厚非，但突然的忘词打乱了原有的条理与节奏，如果处理不好，往往会破坏整个培训的效果。通常会采用下列方式处理：

（1）忽略不计，继续下面的内容，可以边说边想。

（2）千万不要对学员说："对不起，我太紧张了，以至于我忘词了。"

（3）复述刚才讲过的话，有可能会帮助自己回忆起下面的内容。

（4）使用过渡语言。比如说："刚才讲的内容，大家都听清楚了吗？""大家对此有什么看法？"然后扫视众人，简短的停顿能提供时间回忆遗忘的内容。

（5）最重要的一点是随机应变。

（二）讲授内容出现错漏

在培训过程中，培训师讲授的内容出现了错漏，可以大大方方地承认："各位学员，对不起，刚才讲错了，纠正一下……"，但这是一种态度，而不是技巧。错了当然要改正，但要镇定自若，巧妙纠正。比如，可以把自己出现错漏的地方设计成题目，让学员去讨论、发现错漏，然后纠正。

（三）课堂上总是有学员在讲话

上课时培训师发现个别人一直在下面讲话，干扰了培训师的思路，同时也影响了其他学员的听课。这时候如何来处理呢？通常会采用两种方式：

（1）走到学员身边去讲。

（2）停下来，问问大家之前的内容有什么疑问。

（四）课堂上有学员对于某个问题提出不同的意见

首先要明确一点，知识的学习是无止境的，一个技术人员无法做到对所有问题的精通，对技术问题的讨论是很正常的，不要认为学员不认同这个问题是故意为难培训师，但是如果这种情况处理不好，会影响培训师在学员心目中的专业性，会影响学员对整个培训的印象，对于这种情况处理时，要注意以下几个细节：

（1）开放从容的肢体语言。培训师的面部表情、姿势等一定要得体放松，向学员表明培训师的坦率，微笑是很好的润滑剂。

（2）不要过度辩护自己的行为和观点。不要给学员造成培训师不能有错的感觉，不要试图从个人角度进行辩解和防卫。如果确实是培训帅自己的错误问题，要勇于承认错误，并适当的称赞你的学员。

（3）引入讨论，总结归纳：可以将问题展开，引入其他学员讨论，培训师注意收集各方面的意见进行总结归纳。

（4）课后个别讨论。如果需要，可以让大家休息一下，培训师可以找到有关学员，和他单独讨论使培训师伤脑筋的话题。这时，培训师要综合运用各种技巧来解决问题。

（五）有学员课堂上问了一个你不知道的问题

这种问题经常会遇到，切记不要在课堂上随便的胡乱的回答学员，学员自己能提出这个问题，肯定是经过他自己的探索研究，如何来处理这种突发情况呢？通常会采用以下三个方法：

（1）转移给其他学员，比如大家对于这个问题怎么看？应用这种方法需要注意两个问题，第一如果其他学员有答案，培训师负责归纳总结，第二如果其他学员也不能回答，可以将这个问题留作思考题，请大家下去思考，最后培训师要通过各种方法找到答案，在第二次上课时告诉大家答案。

（2）直接回答不知道，但必须承诺课后给出答案。如果不是自己的专业范畴，可以直接回答不知道，但必须给学员承诺，课后给出答案。

（3）通过反问，让提问学员讲出自己的观点，培训师进行总结。一般学员在课堂上提问的时候，这个问题往往已经经过了学员的思考与研究，他有答案，可能不确定，通过反问学员让他自己给答案的同时，培训师可很快地整理思路，通过学员的答案进行总结，总之，对于培训中出现的这种意外情况，需要用技巧和沟通来处理。

（六）某个问题培训师已经讲了很多遍，还是有学员听不懂

一个好的专业培训不在于培训师讲的满口的专业术

语，而在于培训师将专业的晦涩难懂的问题用通俗的易懂的语言和词语表达出来，如果某个问题已经讲了很多遍，还是有学员听不懂、没理解，这肯定是培训师表述这个问题的方法错了，此时应该换一个方法试一试，比如用下列方法：

（1）举例法。

（2）比喻法。

（3）图示法。用画图的方法将一些复杂的问题进行图解。

第三节　教学基本功的日常训练

培训师要上好一堂课，除具备一定的掌控课堂的能力和掌握必备的上课技巧外，还必须平时注意加强一些基本技能的训练，这些技能已经成为教学基本功，如教学语言和教态语言的运用、板书书写、教学后记的书写等。

一、教学语言运用

语言是人类社会交往生活中所特有的用来表达思想、交流感情、沟通信息和传递知识的工具。对于从事培训工作的培训师来说，语言尤为重要，特别是在课堂教学中，语言是驾驭教学的最直接最主要的表现手段，若能恰如其分地使用好教学语言，会收到意想不到的教学效果，因此，注重课堂教学语言的应用是保证和提高教学质量的重要基础。好的教学语言可以做到生动、形象、幽默机智，它能使学员如见其形，如临其境，如闻其声，对完成教学目标至关重要。

教学语言技能是培训师用正确的语言、语义，合乎语法逻辑结构的口头语言，对教材内容、问题等进行叙述、说明的行为方式。培训师教学语言可谓丰富多彩，千变万化，各有千秋。教学语言是传授知识、进行思想沟通的桥梁，培训师的语言如果有一种磁性，能够深深吸引听课的学员，可使教学取得事半功倍的效果。

（一）教学语言的基本要求

教学语言在知识传授上必须表达准确，逻辑性强，不可犯科学性错误。

教学语言要吐字清晰、形象生动，让学员易于接受和认可。

教学语言还要有一定的幽默性，这样才能感染学员，使学员积极投入到学习中来，教学语言的得体与否直接影响着教学效果。

要有良好的语言表达技巧。用自己特有的表达方式来力争取得最好的效果。

（二）教学语言的运用原则

1. 准确性原则

教学语言艺术不同于文学语言艺术，它不仅要有形象美，而且要有科学美，这是由教学内容的科学性决定的。所以要讲究语言的科学性，就要求培训师必须善于运用专业术语，语言叙述注重准确性和规范化。具体讲要做到遣词造句正确贴切、简练明快，避免模棱两可和词不达意，不说空话、废话、半截话，避免不必要的重复。

2. 生动性原则

培训师在运用语言描述客观事物或分析问题时，要通过自己的感受、理解、体验，生动地再现客观事物的具体状态和内在规律，使学员获得深刻的认识和良好的审美体验。讲求教学语言的生动有趣，应做到生动有度，活泼有节，避免流于庸俗、低级，甚至污言秽语，污染教学环境。

3. 启发性原则

培训师应多用启发性的语言启发学员，有目的地将所授知识内容进行置疑，唤起学员强烈的求知欲。教学语言设计上要遵循由浅入深、由表及里、由近及远、由此及彼、循序渐进的认知策略，从而使学员的思维活动始终处于亢奋状态，达到学员的思维随培训师的语言起伏而变化的目的。

4. 逻辑性原则

教学语言的逻辑性是培训师思维形式和教学思路的反映。课堂上句群的组织要紧紧围绕中心，纲目分明、层次清楚，体现知识的系统性。培训师的语言逻辑性强，有助于学员对知识的理解，对前提的运用，对结论的推导，从而培养学员的逻辑思维能力。

5. 针对性原则

教学对象不同，其教学语言也应该相应变化。培训师应根据学员的知识水平、心理特点，采用学员能够接受的语言进行讲授。

6. 情感性原则

白居易说："感人心者，莫先乎情。"培训师在讲台上是一个活生生的人，讲台下面坐着的也是一群活生生的人。作为培训师，就是要用自己富有感染力的语言艺术去感染学员，用自己的知识、思想、见解去影响学员，使教学过程变成一个真正意义上的情感交流过程。培训师要善于把自己的喜、怒、哀、乐与学员的喜、怒、哀、乐加以沟通，配以默契，教学才有人情味，富有鼓动性，学员听起来也才容易接受。

（三）声音的运用技巧

➤ 音量大小与学员人数配合。

➤ 重点词句应用不同音调/速度。

➤ 声音清晰。

➤ 抑扬顿挫，不要用聊天的声调。

➤ 语速不要太快。

➤ 学会断句，将一句冗长的话分开表达，每句停顿一下，便于学员掌握，尽量使用短语。

（四）教学语言的使用要注意如下几点

（1）以发音和发音技巧为表达语言的基础，形成发音准确、吐字清晰的授课语言，使培训师在教学过程中能以优美动听的语言，让学员如沐春风，乐于接受。要达到这样的目的，培训师的语音不但要正确、清晰，并且还要鲜明、生动，富于感染力和表现力。这就要在掌握普通话发音基础上，把握不同的发音技巧，使声音具有艺术魅力。就像唱歌学练声一样，吐字归音，高低、快慢、升降、拟声、强弱等都必须正确掌握，方可行之有效。

（2）运用激励的语言来传达和沟通思想感情，从而使学员轻松、愉快地听课。心理学表明：对人的良好思想行为做出肯定和赞许，能使其产生愉快的情感体验；得到表扬和鼓舞，会焕发出很高的积极性和主动性。在课堂上，培训师对学员的有益评价，无不是用激励赞美之辞引起学员良好的心理反应，产生一种积极向上的情感体验，从中受到培训师语言的感染和启发。因此，学员就会以百倍的信心和饱满的热情去努力学习知识。

（3）以幽默的语言活跃和渲染教学气氛，使其在课堂教学中，既能融洽师生关系，又能加深学员记忆，同时也能让幽默来陶冶学员，使之成为具有高尚情操的人。

（五）培训师教学语言基本功的提升

教学语言技能基本功作为一种重要的教学技能，通过努力是能够得到提升的。

1. 提高综合素质，努力扩大知识面

出色的语言表达能力是由多种内在综合素质决定

的，需要渊博的知识、智慧的头脑做铺垫。培训师的一切底蕴皆来自读书，古人云"言为心声""慧于心而秀与言"，要从根本上提高教学语言技能，培训师应注重完善知识结构，拓展知识视野，建立合理有效的知识结构，有意识地"逼"自己最大限度地调动知识与智能储备，用真才实学、真知灼见去"征服"学员。合理有效的知识结构包括广博的常识性知识、精深的专业知识、多方面的教育理论知识。这样在课堂上，培训师说话才能言之有物、言之有理、言之有味，才会给予学员新的内容，学员也才乐于倾听和接受，课堂才能充满生机和活力。

2. 不断锤炼，强化语言表达能力

作为培训师，不仅要有新的思想和见解，还要在别人面前很好地表达出来，用自己的语言去感染、说服别人。因此，培训师必须讲究口才的自我锻炼，一方面在语言交流的过程中不断提高自己的语言表达能力和语言艺术水平；另一方面还要有目的性、有针对性地练习。流利的语言是靠日积月累的练习磨出来的。

3. 增强语言表达的感染力和说服力

深入浅出，通俗易懂，是语言艺术的至高境界。一个培训师只有将自己掌握的专业知识用浅显的语言表述得一清二楚，才能说明他真正具有深厚的专业功底。教学中有的内容晦涩难懂，如果我们能从名篇佳作中汲取语言艺术精华融入到自己的教学实践中，从历史事件、日常实例启迪学员使之通俗化，学员就能闻之易懂，听

之顺畅，知识在学员脑海中就会留下一个个鲜活生动、深刻难忘的形象，这样也能收到预期的教学效果。

4. 观课评课，从优秀课中汲取营养

有目的地听其他培训师的课或收看教育电视台播放的优秀课，注意从教学效果的角度揣摩其课堂语言特点，从中汲取养分提高自己的课堂语言能力水平。扎实的语言文字功底，尤其是高超的课堂教学语言艺术，在提高课堂教学效率方面起着不可替代的作用，一般说来，优秀的培训师都具有高超的语言表达能力和语言艺术水平，他们的课就像磁铁一样深深地吸引着每一个学员。冰冻三尺，非一日之寒，只要日积月累，就能不断充实自己的语言仓库，只要持之以恒，就一定能使自己的教学语言"左右逢源"，如同汩汩泉水喷涌而出，最终实现课堂教学的高效率。

二、教态语言运用

图 4 - 7

教态语言是指从教师身上发生的、直接诉诸学员视觉器官的无声语言。这种语言较之有声语言和书面语言更有即时性、运动性和直观性，尽管有声语言的逻辑推理和科学系统很强，但实践证明在教学中只有单一的有声语言作为传授知识的方式，是收不到令人满意的效果的。因此，在运用有声语言教学的同时，还应伴随有相应的教态语言，以使语言行为得到必要的深化和补充，强化有声语言的表达效果。教态语言也称身体语言，它是口语有声语言的伴随语言，它包括服饰、身姿、表情、心情四种形式。

（一）正确运用身体语言的基本要求

（1）身姿稳重端庄，自信得体。培训师在台上要自信，整个身体语言要体现这一点。

（2）自然大方，适度适当。身体语言是为教学内容服务的，要根据教学内容来设计身体语言。不可以没有也不可以太夸张，更不可以太随意。

（3）衣着朴实整洁，美观大方。第一，培训师要在为人师表的宗旨下，服装打扮的整齐洁净、美观大方。第二，要和自己的性格特点相符合。第三，要符合自己的年龄特点和身体条件。第四，衣着打扮要持重、沉稳、协调，不分散学员的注意力。

（4）要有良好和稳健的心态。

（5）避免小动作。小动作显得培训师不够大气。小动作包括眨眼、眼睛乱看、嘴角乱动、面部抽搐、腿部抖动、手指乱摸等。

（二）四种身体语言表达技巧

1. 服饰

服饰特指衣服和装饰。一般而言，培训师的课堂服饰要整齐、清洁、庄重、大方。如果一位培训师衣着不整，又不修边幅，那么，学员就会对这位培训师产生一种自由散漫、事业心不强的印象。虽然，外表与心灵并不都是完全统一的，但培训师要为人师表，就必须注意自身的一举一动，正所谓"学高为师，身正为范"，服饰是培训师内心修养和品格气质的外在流露、外在表现。那么，培训师的服饰有什么具体要求呢？

（1）衣着要得体，不别扭，不浓妆。服饰的款式结构符合培训师的体型和年龄，穿着得体、舒适、协调。培训师穿奇装异服，打扮妖艳，一来有损培训师的形象，二来会分散学员的注意力，使其对培训师的服饰状态评头论足、议论不休从而影响课堂教学内容的吸收和消化。

（2）培训师的发型应以整齐、清爽为首要条件，要简洁、大方、端庄。男培训师不宜留长发、不宜剃光头。女培训师不宜过分新潮、染红黄等颜色，头饰不宜复杂、新异。

（3）课前应适当整衣理容。有的培训师比较随便，不注意自己的仪表，常常会出现系错了扣子、衣领外翻、头或是脸多了点什么等闹笑话的问题。如果培训师在课前养成良好的整理衣容的习惯，那么就会避免这些意想不到的现象或笑话的产生。所以，与课堂教学不协调的因素，培训师应尽量避免，以免分散学员的注意力，影响听课情绪和效果。

2. 面部表情

面部表情是培训师通过眼、眉、唇等器官和面部肌肉的活动变化来传递信息的一种形式。培训师要善于利用面部表情来表达自己的情感，调控整个教学活动。面部表情的关键是把握目光和微笑。

图 4 - 8

（1）目光。目光是心灵的语言，目光也称眼神，在教学中巧妙运用目光可以起到传情达意和组织教学的作用。它主要有环视和注视两种。环视是指眼睛向前后或左右有目的地扫一下，它不仅能较全面地了解学员的心理反映，而且可根据环视到的情况，随时调整说话的节奏、内容、语调，把握说话的主动权。

上课开始，培训师扫视全班，可以集中学员的注意力，制造上课气氛和良好秩序；教学过程中不断扫视学员，既表示教学面对每一位学员，又可了解学员的听课状况；如果课堂上发现有学员搞小动作，培训师可注视这位学员，并以严厉的眼光警示他，使他集中精力听讲。有的培训师在讲课时，眼睛总看窗外和教室内的天花板、地板，还有的培训师眼睛只习惯看着前排的学员，而不注意看后排或角落的学员，不能对全局进行监控，这样就难免会使有的学员思想开小差和搞小动作，学员注意力分散，教学秩序失控。事实证明，培训师把视线放在每个学员身上，是培训师课堂中控制学员注意力的一种行之有效的办法。在课堂教学中，学员常以自身的敏感从培训师眼睛神色里体察和领悟到严肃、信任、激励的目光，以此端正自己的行为。因此，培训师在运用目光时，多用亲切和蔼、热情稳定、鼓励赞扬的眼光，要有真情实感，使学员感到培训师在情感上与之亲近，思路上与之共融，学员的注意力就会自然集中，培训师讲授的知识就容易得到吸收。课堂上，培训师避免用游移不定、厌烦不安的眼神注视学员，更不能斜视学员，以免学员对培训师产生不良印象和厌烦情绪。

（2）微笑。微笑是指用略带笑容，不出声的笑来传递信息的教态语言。正如伟大的文学家雨果曾经说过："微笑就是阳光，它能消除人们脸上的冬色"。微笑是人类最甜美、最动人的表情，在日常生活和人际交往中具有重要作用。上课开始，培训师面带微笑走进教室，表示上课的愉悦，它能迅速缩短培训师和学员的距离，消除培训师的紧张情绪；上课过程中的微笑，表示培训师对教学内容的自信，对教学过程的从容，对学员表现的赞许，它为学员创设了一种良好的学习情境，使学员在潜移默化中受到培训师情绪的感染，随着培训师的快乐而快乐，随着培训师的激奋而激奋，全身心地投入学习中去。整个课堂教学便处在培训师积极主动的情绪调控之中，形成良好的教学气氛；当培训师向学员提问时，边微笑边提问，容易点燃学员智慧的火花，激发学员的潜力，激发学员积极思维、探求正确答案的兴趣，特别是对于不善发言和比较胆怯的学员，要恰到好处地点头微笑，尽管点头微笑不都是表示赞同，但这种动作能够有效地鼓励学员谈下去。

3. 身姿

身姿是指人的躯干动作所发出的信息。课堂教学中培训师的身姿包括站姿、走姿、坐姿和手势。

（1）站姿。站姿是培训师站立讲课时的姿势。站立授课有利于培训师，综合利用口头语言、教态语言等各种手段进行授课，它是目前企业培训师最主要的授课方法。培训师一般是站在黑板与讲桌之间，站姿要端庄、稳重、挺直，并与全体学员保持相对稳定。站姿有两种形式：一是平行式，两腿挺直，两脚自然分开，距离与肩同宽，略呈八字形；二是前后式，两脚前后自然分开，间距适中。

图 4 - 9

不正确的站姿：没有收腹挺胸，双脚分得太宽，斜视学员，移动太频繁，长期面对某个区域，单脚站立或倚墙、靠窗。

（2）走姿。走姿是培训师在课堂上走动的姿态。一般地说，培训师在课堂教学中进行讲解、示范或板书时都要注意自己站立的位置和活动的范围，通过适当地在讲台走动，变换位置，来照顾不同位置的学员，使全班学员都能听清自己的讲解，都能看清自己的示范动作和板书。一般地说，培训师的走动以围绕讲台为宜。走动幅度过大，会使学员过多地注意培训师的走动情况，分散听课的注意力。当然在学员分组讨论或课堂练习时，可走下讲台观察学员的情况。走动时，须稳健、庄重，避免碰触学员的课桌和文具。

（3）坐姿。坐姿是培训师坐着讲课时的姿态。坐着讲课是培训师的一种次要的授课方式，坐着时，也要身体端正，腰板挺直，给人以亲切感。避免用一只手支撑着下巴，或趴在讲桌上讲课，显得疲劳无精神。

（4）手势。手势就是人体手部动作所呈现出来的样式。从传递信息的角度来说，手势的使用频率甚至比面部表情还要大。如果说"眼睛是心灵的窗口"，那么手便是人类身体语言的嘴巴。并且，手势与其他任何身体语言相比，所表达的意义更为明确。手势的基本含义是由手部动作所表达出来的情感、态度、想法或意向。手势语是借助手指、手掌和手臂、双手以及凭借依附于双手里的物体等发出的动作或姿态。教学中的手势语不同于生活中的手势，更不同于语言障碍人士使用的手语，它是一种严格地按照教学内容与有声表述相协调的教学形体语，能够传情达意，能激活学员的学习情绪，给学员以深刻的印象。

图 4 - 10

　　正是由于手势具有强有力的表意功能，使得它成为教学过程中不可或缺的有效工具。培训师规范得体的手势，不仅可以很好地组织教学，而且可以表达情感、描摹形象、指代事物等，是培训教学的得力"助手"。培训师常用的手势有以下几种，见表 4 - 2。

表 4 - 2　　　　　培训师常见的几种手势

用途	示例	规范动作
肯定学员	学员取得成功，培训师会让全体学员祝贺	鼓掌
赞赏学员	赞扬学员学习活动中的突出表现	翘大拇指
课堂指令	提问	培训师提出问题后，手掌张开，五指并拢，手心朝上，表示有请！学员回答完问题，手心朝下，示意坐下

用途	示例	规范动作
维持课堂秩序	课堂教学即将开始，学员仍在喧哗	培训师双手拍两下引起学员注意，然后两掌手心朝下按下，示意大家安静
突出教学的重点和难点	教学用手指黑板上的字。用 PPT 教学，往往用激光笔指示重点部分，激光笔是手的延伸	五指并拢，指向教学中的重点部分
辅助教学，化抽象为形象	培训师可以用手势对一些事物的形状、高度、体积、动作等用手势来临摹，化抽象为形象，引起学员生动、明确的联想	没有固定的动作模式，比如，西瓜这么大（用双手做大小姿势），那条鱼有这么长（双手分开一段距离）

　　手势语作为一种重要的教学辅助工具，在课堂教学中的使用频率比较高，但是企业培训师在这方面使用得不多。为了恰当地使用手势语，提高教学效果。培训师首先要意识到手势语的存在，认识到手势语在教学中的重要性。培训师上课时，可以让同行专门观察并评点自己的手势，也可以通过录像将自己的手势语记录下来加以分析，然后在这个基础上加以改进和完善。培训师的手势语没有统一固定的格式，总的要求是：自然，与教学语言表达的内容配合。实际应用中避免以下几种情况的发生：

　　➤　过多或太夸张。

> ➤ 用手指指向某位学员。

> ➤ 双手互搓，或长时间垂下。

> ➤ 两手插兜，倒背两手，两手
> 交叉抱臂，两手叉腰。

> ➤ 玩弄纸张、文具等。

图 4 - 11

 提个醒

七种类型的培训师，你中招了吗？

★ 自鸣得意型

指挥动作，手舞足蹈

★ 自恋自爱型

调整领带，整理头发

★ 自说自话型

白日梦话，来回溜达

★ 没精打采型

依靠式，懒洋洋式。手放在裤袋内摇动

★ 胆怯紧张型

有紧张的小动作，面部表情僵硬，目光游离，做一些不恰当的手势

★ 自高自大型

以下巴示意，尖物指人

★ 无意识习惯型

提高裤腰，玩弄笔杆，双手合十，抓耳挠腮

三、板书的书写

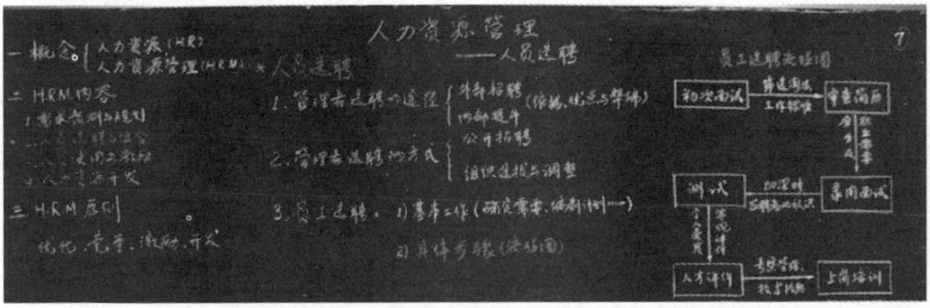

图 4 - 12

板书，从动态的角度理解，它是教师上课时在黑板、白板上书写的文字、符号以传递教学信息、教书育人的一种言语活动方式，又称为教学书面语言。从静态的角度理解，它是教师在教学过程中为帮助学员理解掌握知识而利用黑板、白板以凝练、简洁的文字、符号、图表等呈现的教学信息的总称。目前利用 PPT 进行授课已成为培训师的主要教学模式，但利用黑板或白板进行教学，仍是培训师必备的技能，即使利用 PPT 进行教学，利用白板进行辅助教学也在所难免。因而培训师必须重视板书的设计和书写。其基本要求是简要工整、布局合理，脉络清楚。板书的版式很多，但不管是什么样的，关键是看板书是否能给人以最大的实效，是否能给人一种简洁的美。

（一）板书的分类

在教学实践中常常把教学板书分为"主板书"和"副板书"两种。

1. 主板书

主板书也叫中心板书、要目板书和基本板书。主板书是体现教学目标与教学内容内在联系的重点、难点、中心点和关键点的板书，是能够表现教学中心内容的基本事实、基本思想的板书，是能够反映教学内容的结构及其表现形式的板书。主板书是整个课堂板书的骨架，一般保留于课堂教学的全过程。

教学板书设计要特别注意"主板书"的直观性、条理性、简洁性、多样性和启发性：

➤ 直观性表现为图文并茂。

➤ 条理性表现为层次分明、脉络清晰。

➤ 简洁性表现在词语精炼、提纲挈领。

➤ 多样性表现为教学板书形式的多样。

➤ 启发性表现为引导学员积极参与。

2. 副板书

副板书也叫附属板书、注释板书和辅助板书。副板书是临时性、辅助性的书写，是指示有关零散知识的板书，是根据课堂教学需要，根据学员反馈随机出现的板书，目的是帮助学员理解或提醒学员注意。辅助板书是课堂板书的血肉，是对主板书的具体补充或辅助说明，一般随教学进程的发展随写随擦或择要保留。

（二）板书的格式

培训师在备课时不仅要精选板书的内容，而且还要精心设计板书的排列格式。常有以下几种格式：

（1）左右式，即把黑板从中间分成左右两部分进行书写。

（2）左中右式，即把黑板分成左中右三部分进行书写。它适用于板书内容较多的板书。有些教师常把右部分作副板书用。

（3）中间式，即只在黑板中间部分书写。它适用于内容较少的板书，因为将内容较少的板书写在黑板中间比较美观、协调。

（4）通板式，即黑板作一整体从左到右进行书写。它适用于进行演绎推理的板书和归纳知识体系的板书。常在小结、归纳、复习时采用这种格式。

（5）上下式，即把黑板分成上下两部分进行书写。培训师往往用上部分板书，用下部分让学员解题。

总之，板书的格式是多种多样的。培训师在选择板书格式时应以教学内容来具体分析，精心设计出最完美的格式。

（三）板书的基本要求

培训师要写出好的板书，应该做到以下几点：

（1）反复推敲，精心设计。要求培训师课前备课时认真设计好板书，确定好板书的内容、板书的形式、板书的格式、板书的序号和符号。板书的结构设计新颖，有利于激发学员的学习兴趣。板书的文字、图表要美观；主、副板书结合，对学习中的障碍及时用辅助板书补充；图文结合，对一些结论、定理辅以直观图有利于学员对知识的理解和掌握。

（2）重点突出，简明扼要。要求培训师精选板书内容，使之能突出教材的重点、难点，并且在书写时要简明概括，不要冗长。板书要突出重点，其结构要与讲授的内容大体一致。若过于繁细，则使重点不突出，学员抓不住要点，造成学员疲劳，影响教学效果；若过于简粗，则不能起到提纲挈领，揭示教学主要内容的作用，不利于学员理解和掌握所学知识。

（3）知识系统性、逻辑性强。要求培训师在板书中能突出知识的内在联系，能体现出知识的系统性、逻辑性，要选择和运用好各种板书符号。

（4）排列合理，疏密得当。要求培训师选择适当的板书格式，将板书内容合理地书写在黑板上，使之排列整齐，长短和间距适当，给学员以谐调美观的感觉。

（5）字迹工整，条理清晰。要求培训师在板书时应将字写得工整清楚，写规范字，使学员一眼便能认出。绘图要正确、美观、严格、规范，尽量不用徒手作图。在书写时应有条有理，给人以清晰之感。

（6）细心留意，慎防出错。要求培训师在板书时特别仔细认真，以防出错，并且留意不要做出不良的习惯动作。

（7）板书要有完整性。

一般一节课告一段落时，主要内容要完整地保留在黑板上，使学员对全节课的内容有一个连贯的全面认识。也有利于培训师在最后阶段对知识的复习、巩固、整理、总结和提高。

　　总之，只要培训师能够在上课之前从内容到形式对板书进行精心设计，课堂上又能够细心书写，注意板书层次、布局和条理，就一定能写出好的板书来。

（四）板书中容易出现失误的几种情况

　　（1）缺乏计划。备课时忽视板书设计，东写一片，西划一片，随写随擦，支离破碎，杂乱无章，学员难以观察，大大影响了知识的传授，降低了教学效果。

　　（2）条理不清。虽有设计方案，但看不出"纲"与"目"，既缺乏本堂课知识的独立性，又难以体现教材前后内在联系。

　　（3）逻辑混乱。出现知识性失误，如对概念分类，出现重分或漏分，分类依据前后不一致，或前后矛盾等等。或者板书辐射面太宽，不能突出知识的重点、难点、关键点和知识的内在联系，学员会茫茫然，不知所措。

　　（4）无启发性。不善于将具有相互联系与区别及具有内在规律的知识、演绎推理与归纳推理、正误知识等加以对比排列。

　　（5）无规范化。忽视基本功的训练，板书缺乏示范性，如随意简化汉字、随便使用标点或符号或解题格式不规范，这都会给学员误导。

　　（6）布局随便。优秀的板书应图文并茂、重点（醒目）突出、疏密有致，布局均衡，不仅给学员树立模仿的榜祥，也给人以美的享受。少数培训师在板书时，"东一榔头西一棒子"，东写一句西写一句，书写杂乱，板书排列也无条理，整个板书杂乱无章。面对这样的板书，学员难以看清看懂知识的内在联系和结构层次，也难以理解，课后更无从复习。

（7）不讲姿势。只顾板书，面朝白板背对学员，既挡住了学员视线，影响了传授知识，又与学员没有目光、思想、心灵交流。培训师应该左侧朝学员，右侧面朝白板，教师的目光既能看到白板，又能随时观察到学员表情，当然也就不至于遮挡学员的视线了。

四、写好教学反思

图 4-13

教学反思是指培训师对教学实践的再认识、再思考，并以此来总结经验教训，进一步提高教育教学水平。反思的主要内容有：

> 教学目标实现了没有？

> 教学理念转化为具体的教学行为了吗？通过什

么方式转化？

　➤　有没有创造性地挖掘和利用教学资源

　➤　教学设计最突出的亮点是什么？存在的问题和症结在哪里？

　➤　针对存在的问题，提出改进的策略。

　　因此，教学反思是培训师对已完成的课堂教学进行总结的一种重要的形式，也是对教学中表现出来的主要特色进行回顾和记录。目的是不断积累教学经验，探求教学艺术，优化教学因素，矫正教学行为，改善教学结构，提高教学效果。如何写好教学反思？教学反思主要记些什么呢？

（一）记所得，发扬长处，发挥优势

　　作为培训师，每一堂课总是有自己满意的地方，也就是成功之处。比如教学过程中达到了预先设计的目的或做法，或是课堂教学中突发事件的应变处理，或是教育学、心理学中一些基本原理运用的感受，或是教学方法上的改革与创新，或是双边活动开展得很成功，或是在备课时未曾考虑到而在课堂上突然爆发出的灵感等。无论是哪一方面的收获，课后经常及时地把它详略得当的记录下来，这样日积月累、持之以恒，并把他们进行归类整理，提升形成一些带有规律性的东西，供以后教学时参考使用，并在此基础上不断的改进、完善、推陈出新。这样对提高培训师的课堂教学能力，探索课堂教学改革的思路，形成自己独特的教学风格，会大有帮助的。

（二）记所失，吸取教训，弥补不足

我们知道，任何一节课，即使是培训师的备课十分细密，慎之又慎，觉得非常好了，也不可能十全十美。如：对教材处理是否最恰当；对教学中偶发事件的估计是否考虑周全；对某个问题的阐述是否有偏颇；或者感到对某个问题的处理力不从心，觉得不放心不扎实等。这就需要对它们进行再回顾、梳理、甚至修正等，并对其做深刻的反思、探究，使之成为引为借鉴的教训，从而提高自己的教学水平。

（三）记所疑，加深研究，使之明白透彻

这里的"疑"包括两个方面。一方面是学员听课时的疑点，那些听不懂的知识、方法。我们每节课下来，学员总会或多或少的存在某些疑问，这些是课堂上无法及时解决的，培训师把从学员的学习方面反馈过来的疑点记录下来，细加琢磨，思考出解决疑难的方法和措施，对今后的教学和复习，更具针对性。另一方面是培训师方面的疑点，培训师对教材中的问题并非一下子就可以理解得十分透彻，有时甚至是似是而非，或是解题的方法不是最简单、最科学，不是学员最容易懂的方法。通过课堂教学，培训师自己会感觉到这些，把他记下来，促使自己今后对这一方面的问题加深研究，使之明白透彻。

（四）记所难，化难为易，水到渠成

在课堂教学中，对教学难点的突破事关整个教学的成败。所谓教学的难点，是指培训师难讲、学员难懂的知识点。如果我们每一轮都把教学难点的处理方法、教学的信息反馈或教学效果或今后改进的教学设想等写下来，并且进行深入细致地分析、比较、研究，长期坚持下来，必将极大的提高处理教学难点的能力，化难为易，帮助学员突破难点，加深对教学内容的理解，做到水到渠成。

（五）记新设想，扬长避短，精益求精

一节课下来，精心沉思，摸索出了哪些教学规律，教法上有哪些创新，知识上有什么发现，组织教学方面有何新招，解题的诸多误区有无突破，启迪是否得当，训练是否到位等等。及时记下这些得失，并进行必要的归类与取舍，考虑一下在教这部分内容时应如何改进，写出新的教学设计，这样可以做到扬长避短，精益求精。特别是可以为自己下一次的同期教学提供极好的帮助与参考，避免再走弯路耽误时间，从而提高自身的教学能力和教研水平。

总之，写教学反思，既有利于学员学习，又有利于培训师教学水平的提高，更有利于培训师总结和积累教学经验，是整个教学链条中不可少的重要一环。写教学反思，贵在及时、坚持和执著的追求。一有所的，及时记下，有话则长，无话则短，以记促思，长期积累，必

有收获。

五、观摩听课

图 4-14

　　一般而言，企业内部培训师的成长一般要经历三个阶段：入门训练阶段、实战锻炼阶段、持续训练阶段。企业培训师在入门训练阶段及实战锻炼阶段，观摩其他培训师的现场授课，模仿他们的课程内容和授课风格，是快速提高授课技能的有效方式。我们要以谦虚的精神、欣赏的眼光、研究的心态和分享的神情，去听、去品、去悟，坚持经常去品悟不同类型和不同培训师的课，及时向授课培训师讨取授课感悟，并将自己的看法表达出来让其他培训师评议，就必然使自己的授课水平产生大的飞跃。观摩听课到底应做些什么、"听"些什么呢？

（一）听好课至少要做到三点

　　（1）课前有期待。听课前，先了解授课培训师要教的内容，先行思考并设想自己的教学方案，这样自己对教学内容的理解深度及处理方式就会在听课中成为参照。

在自己的思索过程中可能会遇到难以处理的难点，或是感到自己有着特别的教学方式，听课时就会有期待，期待授课培训师对教学内容的处理与自己对比的高下，期待难点的巧妙解法等，授课培训师的教学水平及知识背景就会在比较中十分明了，自己该学习什么也就十分清晰。

（2）课中善于观察思考。勤快与耐心是听课的重要素养，听课时要把自己进入到授课培训师的角色去思考与观察，敏感于课堂上出现的意外细节。

思考授课培训师每发出的一条信息与他要达到的目的，还有学员回答时的话中可能包含的各种信息可能。判断授课培训师是否准确抓住学员发出的有效信息，并思考他的处理方法，判断执教者的课程意识，观察他的教学技能，吸收自己所要学习的知识，确定自己的努力方向，记录下自己即兴判断与思考的成果。

（3）课后写好听课小结或听课反思。无论听到的课是优于自己的思考还是逊色于自己设计，听课后你必须要去思考，才能有所借鉴，倘若听课只是瞬间的激动，过后便丢掉了，则不会有收获的。

（二）听课记录的基本要点

听课应当是一次难得的交流学习机会。听课笔记应该记什么？听课记录包括两个主要方面：一是教学实录；二是教学评点。把这些内容记录下来，待课后与执教者相互交流，取长补短。

1. 教学实录

（1）记课头。本节课培训班名称、课题名称、课题类型、课时、听课时间、听课地点、授课人基本情况等。

（2）记教学过程。包括教学环节和教学内容，学员的活动以及教学时采用的方法等。

（3）记教学时间。听课者记录课堂主要教学环节各占用了多少时间非常必要，它用以考察教学时间分配是否合理，课堂结构是否严谨。检查授课培训师是否依据学员年龄、知识层次特征、认知规律施教。是否出现一节课"前紧后松"或"前松后紧"的不合理状况。

（4）记布白。上课时培训师一定要让学员有自由支配的时间和空间，这就是课堂布白。诚然课堂布白并不等于上课时的自由放任，而是在培训师的精心策划下，留有时间给学员思考练习、提炼拓宽；留有空间给学员交流撞击，争论探索；用以引导学员观察、研究、发现、创新。在听课中要记录授课培训师是怎样调节教学节奏、提高课堂教学效率；记录授课培训师教学中环节与环节、知识点与知识点的衔接和转折的话语。它既是对前面所讲内容的简短小结，又是对下面所讲内容的启发。因此，对教学环节、知识点衔接和转换过程中关键的语言，务必记清楚。这些话是授课培训师教学技能的表露。

（5）记亮点。就是把课堂教学过程中，教师语言表述以外的、有价值的东西，以备注形式给予记载。

2. 教学评点

教学评点就是课堂听课评价，它以定性描述为主。

从教学目标、教学内容、教学方法和手段、教学结构、学员参与情况和学习效果等几方面阐明这节课的得失，既要有观点，又要有依据，要体现这节课的"质"，为了突出重点，一般不作面面俱到的评价，而是选择比较有意义的、有典型的方面点评。评价还要从建议的角度，指出可供选择的改进做法。

这里值得提出的是，在做听课记录时许多人偏重于记课堂实录，而不做评点，显然这种听课记录其价值是不大的。好的听课记录应是实录与评点兼顾，特别是做好课堂评点往往比实录更重要。

 提个醒

在听课过程中，认真写好听课记录，不但有利于培训师积累宝贵的教学经验，而且对提高培训师的业务能力、优化课堂教学结构，将起到十分重要的作用。

一节课听完了，哪怕从整体上来看是失败的，只要我们认真去捕捉，至少都会有一两个闪光点。有哲人曾说，世上最聪明的人是那些善于发现别人长处，并能学习别人长处，最终使其变为自己的长处的人。因此，在听课时，一定要首先抱着一种虚心学习的态度，要积极调动自己敏锐的眼光，善于去发现人家课堂上的每一点闪光之处，然后慢慢品味，细细揣摩，再将其拿到自己的课堂上去实践印证，这样久而久之，自然会功力日进。

知识拓展

九大低效课堂，你中招了没？

有效的课堂教学是指教学过程的最优化、教学方法的科学化和教学效果的最大化，旨在提高课堂教学效益，促进学员全面发展。然而，眼下一些"无效和低效"的课堂教学行为，从一定程度上降低了课堂教学的效益。培训师应当科学理解有效教学的真谛与内涵，在教学实践中避免出现九种异型课堂。

1. 浮光掠影型

教学重点突出、难点明晰，这是教学的基本要求，它决定着教学过程的意义。但有的课堂教学如"雨过地皮湿"，没有明确的教学重点，也缺少明晰的教学难点，其主要表现有：课堂教学目标模糊，教学目的不明确，培训师在知识传授过程中平均用力，对教学重点讲解不深入，对知识难点讲授不透彻，学员感受不明显、印象不深刻，课堂教学未能取得预期效果。

究其原因，一方面在于对教学内容的钻研不深入，对知识点缺乏全面、系统理解和有效整合，另一方面在于对学员的研究不深入，对学员掌握的知识、能力缺乏有效把握。所以，唯有系统分析教学内容的知识点，充分把握学员现有的知识、能力和智力特点，才能综合确定教学的重点和难点，才能集中精力把重点和难点讲清楚、讲透彻。

2. 跑冒滴漏型

完美的课堂首先在于它的完整性，在于它既有巧妙的预设安排，又有自然的生成过程。但实际教学中，有些课堂并非如此：有的虽有精巧的教学设计，但讲课时却背离初衷，甚至背离了应有的教学目标和教学方向，时有跑题、偏题、离题的现象；有的对学员学习包办代替，甚至把自己的思维当成学员的思维，把自己的思想当成学员的思想；有的违背循序渐进的教学原则，知识点过于零散、不系统，知识讲授不连贯、跳跃性大，既不符合学科知识的内在逻辑性，也不符合学员的认识过程和智力发展规律，学员学习缺少必要的台阶，也缺乏应有的基础；有的教学缺乏条理性、顺畅性，有时少了环节、忘了细节，有时漏了知识点、丢了教学点，要么挂一漏万，要么挂万漏一，不能做到环环相扣、层层递进，时有杂乱无章、支离破碎之感。

课堂教学既是一门科学，又是一门艺术，因为，它既循规律又讲技巧。此类课堂既违背教学规律，又无技巧可言，它的科学性尚且不足，又何谈艺术性，何谈给人完美之感。

3. 海阔天空型

教无定法，贵在得法。但无论何种教法，它都必须遵循教育教学规律，理应符合学员的身心特点，最终有利于教学任务的完成。对照此，有一种现象值得关注：有的列举了大量教学内容以外的实例，培训师讲得口干舌燥、眉飞色舞，而学员却听得云里雾里、不知所云，名曰引经据典、旁征博引，实则漫无边际、无功而终，实际的教学效果无从保证。

原因何在？在于这些实例和内容与教学内容的联系不够紧密，甚至完全游离于教学内容之外，完全脱离了教学内容。而更深层的缘由，在于培训师没有真正领会培训目标的教学要求，没有充分了解学员的学习需要，没有准确把握知识点的要义本质。

4. 放映幻灯片型

现代信息技术与培训教学的整合是现代教学发展的必然趋势，它为提高课堂教学效益提供了可能。随着现代信息技术的日益普及，计算机辅助教学已被培训师普遍采用，但有时却未能达到提高课堂教学效益的目的，存在高耗费低效力、高投入低产出的问题。

有的对多媒体的使用过频过滥，例如，不仅重要知识点和信息用课件展示，而且就连课题也用课件播放；不仅作业、训练题用课件呈现，甚至就连训练、推演结果等教学过程也用课件演示。教师用得手忙脚乱，学员看得眼花缭乱。培训师就如放映员，学员如同看电影。在这样的课堂上，培训师的板书没有了，解题的过程没有了，学员的练习没有了……

快速移动的画面不仅使学员无暇思考，甚至连做一点课堂笔记都难以进行，一节课结束，往往出现课本"空白"——无补注、笔记"空白"——无记录、头脑"空白"——未吸收。

当前的紧迫任务，一方面就是转变观念，正确认识多媒体的"辅助"作用，尽快走出"机器取代人"的认识误区。另一方面就是建立科学的课堂教学评价体系，有效提升对多媒体的运用能力与水平，自觉把现代媒体从演示工具转变为学员的认知工具，有效发挥现代媒体在获取信息、处理信息、认识事物等方面的教学辅助作用。

5. 单线直进型

教学是培训师引导学员认识客观世界、改造主观世界的过程，培训师必须为学员创造有效的认识条件。例如，培训师要把间接经验与直接经验相结合，把理论知识与工作实践相结合，把新知识与旧知识相结合，从而有利于学员增强兴趣、掌握知识，有利于培养学员分析、解决问题的能力；培训师要给学员创造探索学习的机会，让学员在探索中学会猜想、学会验证、学会推理，在探索中学会归纳、整理，培养多角度思考、多方向探究的习惯，培养知识迁移、举一反三的能力；培训师要善于创设一种氛围，巧妙地创造情境，合理地设置问题，让学员处于期待、困惑、愤悱的心理状态，有效激发并维持学习的热情和动力等。

纵观眼下的课堂，在教学内容安排上，有的缺少必要的铺垫和有效的关联，就理论讲理论，就新知识讲新知识，学员对新知识的理解感到吃力，难以进行有效的消化和吸收；在教学环节的设计上，有的缺少必要的悬念和应有的起伏，教学过程平铺直叙、波澜不惊，学员感到枯燥和乏味；在知识传授上，有的缺少必要的拓展和有效的迁移，教学过于死板、呆板，就教材讲教材，就章节讲章节，很少有教材以外的内容，很少有课本以外的素材，知识讲解缺少发散性，往往不能触类旁通，难以举一反三。

6. 贴牌标签型

在教学中，我们常常看到这样的现象：教学模式改头换面，教学方法日益新潮，课堂气氛日渐热闹，教学手段交替变化，这些似乎预示着现代课堂的勃勃生机。

然而，我们却有了另一种困惑：面对如此景象，课堂教学的效益为何难如所愿？事实上，这些所谓的新课堂只是形式上的标新立异，实则有名无实、华而不实。例如，倡导师生对话和师生互动，但却有人对此产生了误解，认为"多问"就是课堂气氛活跃的体现，师生互动就是教师多问、学员多答。因此，"满堂问"就成为一种普遍现象，看似师生互动，实则为问而问、问而无效。

再比如，倡导让学员自主探究，倡导引导学员在独立思考中进行有效合作，在协作中解决问题。然而有人对此产生了误解，认为探究与合作的唯一途径就是分组讨论，似乎不讨论就不能体现出新课堂的理念。从而分组讨论就成为一种潮流，但由于缺少对论题的精心设计，缺少对学员的有效引导，缺少学员讨论前的充分准备和讨论中的有效参与，课堂看似热热闹闹、气氛热烈，实则空洞无物，毫无实效可言。

7. 独奏独唱型

孔子有言："学而不思则罔，思而不学则殆。"这说明，学员的主动性和思维活动对于教学的重要性。事实也告诉我们，教和学虽然相互联系，但不能互相代替。

纵观现实的课堂，一些现象值得反思：有的培训师俨然成为知识的权威，成为真理的代言者和垄断者，讲课时往往一人包场、一讲到底，课堂塞满了过度的信息量，既造成学员听觉的疲劳，也超出了学员的接受能力，既耗费培训师过多的精力和教学时间，也剥夺了学员自主探究的机会，最终降低了课堂教学效益。所以，彻底改变"一言堂"现象，变多讲为少讲，变少讲为精讲，引导学员主动思考、质疑问难、探究求解，充分展现和发展学员的主体创造性，这应是当务之急，也是提高课堂教学效益的应有之道。

8. 连珠炮型课堂

教学语言是培训师实施课堂教学最重要的工具，它决定着课堂教学的质量和效率。

优秀的课堂语言有鲜明的节奏感，快慢适中、疏密得当、轻重适宜、缓急可控，做到"讲"和"学"协调同步，学员听课达到最佳的思维状态。

然而，一些培训师对课堂语言的运用不容乐观，有时不能根据教学内容、学员情绪而巧妙地调节语言的节奏，有的语速应慢不慢、语气该重不重，吐字不清、语意不明，讲授的知识超过了学员的思维需求，学员没有琢磨消化的时间，听课时感到吃力，知识学习大打折扣；有的语速应缓不缓、声调该高不高，有时音低声小、字意模糊不清，知识讲授跟不上学员的需要，影响学员的正常思维；有的语音应低不低、声调该降不降，语言的刺激过强、过大，影响学员注意力的集中和保持；有的语音应高不高、语调该升不升，讲课声音太低、语调太弱，学员听课吃力费劲，时常引起听觉的紧张和疲劳。

所以，培训师应不断提升课堂语言修养，讲课时注意快慢适中、高低适宜，声快时字字铿锵、语意清楚，声慢时字断而情连、音拖而情激，声高时音高不噪、音强而不力竭，声低时吐字清晰、音清意明，让学员有一种独有的听觉享受。

9. 惜墨如金型

板书是一种传统而重要的教学手段，它以文字、符号、图像等为媒介，将教学内容直接诉诸学员的视觉，具有其他手段不可取代的作用。例如，它有利于理清教学的过程脉络，揭示教学内容的知识结构，展示认知过程和思维轨迹，帮助学员正确理解教学重点和难点，给学员留下深刻的印象；它有利于高度概括教学内容，使知识系统化、简约化、脉络化，有利于学员掌握教学要点，有助于学员记录和记忆；好的板书也是培训师教学风格的凝练，对学员有一种直接的艺术熏陶，让学员有一种独有的视觉享受。但时下却有一种奇怪的现象：黑板的质量越来越好，培训师的板书越来越少，能力逐步弱化。

有的不重视板书甚至不会板书，有的很少板书甚至没有板书，有的要么以口述代替板书，要么以幻灯代替板书，或者干脆以课本代替板书，学员看不到题目的痕迹，看不清运算的过程和解题的思路，也缺少思考和分析的过程，缺少记录后再总结和再提升的机会。由此，培训师按照突出重点、增强实效、工整美观的要求，设计好板书、运用好板书，这既是对传统教学手段的有效运用，也是构建现代新课堂的现实选择。

以上所列九种课堂，是现今低效和无效课堂的典型代表，应当引起我们的足够重视。有效教学的本质在于有效，主阵地在课堂。从落实有效性要求着眼，从改变低效和无效的行为着手，是提升课堂教学效益的实践选择。

 思考题

1. 简述新课导入技巧？
2. 简述结课技巧？
3. 教学重点的突出与难点的突破的方法？
4. 简述掌控课堂纪律方法？
5. 教态语言运用的基本要求？

第五单元
培训效果的强化落实

培训的目的是学以致用，培训课程结束是运用的开始。无论员工本人，还是公司本身，都迫切希望通过有效的培训来解决问题，提高绩效，满足发展的需要。那么如何将培训效果落实到实际的工作中，提升工作绩效，避免出现"课堂上听得激动，课后很冲动，想想不知怎么动，过后不动"的现象呢？

图 5-1

这就要求我们关注培训的有效性，简单说，培训的有效性是指公司和员工从培训中获得的收益，对员工个人来说，收益意味着学到新的知识或技能；对公司来说，收益包括顾客满意度的增加，市场占有率的增加，最终是企业效益的增加。一般而言，培训有效性的标准常表现在以下几个方面。

（1）员工知识的增加。通过培训，员工具备了完成本职工作所具备的基本知识，而且员工能很好地了解企业经营的基本情况，如企业的发展前景、战略目标、经营方针、规章制度等。

（2）员工技能的提升。经过培训，员工完成了本职工作所必备的技能，如谈判技能、操作技能、处理人际关系的技能等。

（3）员工态度的转变。通过培训，企业与员工之间建立了相互信任的关系，增强了员工的职业精神，培养了员工的团队合作精神；同时，也增加了员工适应并融于企业文化的主动性。

（4）员工行为的改变。员工知识技能的提高和工作态度的积极转变，主要体现在员工回到工作岗位后的行动中去，把新知识技能运用到实践中，解决了以往工作中所遇到的困难和问题；转变原来的工作态度，增强企业主人翁责任感及团队合作意识，积极主动地为企业发展作出贡献。

（5）企业效益的增加。员工将培训结果及时运用到工作中，提高企业产品和服务质量，降低企业的生产成本，最终提高了顾客的满意度，增加了企业的效益。

上面介绍了培训有效性的标准，但这些标准最终要靠有效的培训评估来实现。

第一节　柯氏四级培训评估模式

"培训不是万能的，但没有培训是万万不能的！"期望依靠培训解决所有问题是不可能的，但有效的培训对提升员工能力、改善企业业绩的作用却是不可缺少的。企业培训效果不佳的原因可能出现在培训管理的每个环节：培训需求分析不准确；培训设计阶段未能充分引入各相关人员的参与；课程开发未能采用企业实际案例；

培训的时间选择不恰当；培训效果的评估与跟进措施不得力，任何一个环节出了问题都会导致培训的失败。在以上这些环节中，培训效果的评估与跟进如同企业中的质量检验一样，作为培训管理的最后一道关口尤为重要。美国哈佛大学行为学专家研究得出的数据是：一个人接受了培训的知识，若一个月内不应用，87%的知识会遗忘！因而，企业光注重如何实施培训开发还不行，必须要进行培训效果的评估，通过评估将所学转化为所用，通过所用提升和创造培训的价值。评估结果将直接作用于培训课程的改进和培训师调整等方面。

为了增强培训效果，需要对每一个培训项目进行评估，通过评估可以反馈信息、诊断问题、改进工作。评估可作为控制培训的手段，贯穿于培训的始终，使培训达到预期的目的。目前流行采用的是"柯氏四级培训评估模式"，它由国际著名学者威斯康辛大学（Wisconsin University）教授唐纳德·柯克帕特里克（Donald. L. Kirkpatrick）于1959年提出，是世界上应用最广泛的培训评估工具，在培训评估领域具有难以撼动的地位。

（1）反应：这类评估主要是考核学员对培训方案的反应，学员对培训项目结构、培训师的看法、培训内容是否合适和培训方法的看法等。

（2）学习：学员在培训项目中的进步，该层关心的是学员通过培训是否将掌握的知识和技能应用到实际工作中，提高工作绩效。

（3）行为：培训项目使学员在工作行为和表现方面

产生的变化。

（4）结果：上述变化对组织发展带来的可见的和积极的作用。这类评估的核心问题是通过培训是否对企业的经营结果产生影响。结果层的评估内容是一个企业组织培训的最终目的。

一、柯氏模型的具体运作

（一）反应层次

反应层次的评估是我们目前最常采用的方法，就是我们经常使用的课程评估表。在课程进行过程中或课程结束后运用调查问卷或者访谈对学员进行调查。反应层次的评估主要关心学员对培训项目或者课程的直接反应。反应层次需要评估以下几个方面：内容、培训师、方法、材料、设施、场地、报名程序等。对这个层次的评价，首先要有总体的评价，比如询问学员：你感觉这个课怎么样？你会向其他人推荐这个课吗？是否喜欢或者讨厌这个课程？正常情况下，学员应该对这些问题都给予正面积极的回答，否则学员将失去继续参加培训的信心。但是一定要记住："喜欢"并不等于学习的效果产生了，只有学员的这种兴趣与企业的需要结合起来了才能真正达到效果。

反应层次的评估一般有课程评估表和小组座谈两种方法。

具体衡量的尺度，可以采取 4 分法（极好、好、一般、差）、5 分法（极好、很好、好、一般、差），或者

7 分法（1～7 分）、10 分法（1～10 分）。一般而言，5 分法比较容易操作。

反应层次的评估易于进行，是最基本、最普遍的评估方式。但它的缺点显而易见，常常会发生以偏概全，主观性强，不够理智等问题。比如，因为对培训师有好感而给课程全部高分；或者因为对某个因素不满而全盘否定课程。

以下解决办法值得尝试，比如：强调评价的目的，请求大家配合；鼓励大家写意见、建议；与历史数据或其他公司数据比较；对大公司来讲，在全面铺开某个课程之前先试讲；对于外部聘请的培训师要参考其历史评估数据；结合使用问卷、面谈、座谈等方式；不同主题的课一起开时，要及时反馈，马上填问卷；将课程的评价与培训师的评价分开；多个培训师讲课的情况下要针对每个老师进行评价，另外还可适当加入学员自我的评估。

培训效果评估表

各位学员：

为了能够向您持续提供最佳培训的服务，请您对本次培训进行评估。您对我们培训项目的意见不会影响到您的培训成绩。谢谢您的支持！

时间： 年 月 日 培训课程：

培训师： 地 点：

1. 为帮助我们提高培训质量，请在以下项目中选择您认为最合适的分数。

说明：非常满意代表 5 分　　很不满意代表 1 分

1.1 培训总体满意度：	5	4	3	2	1
1.2 对课程内容的满意度：	5	4	3	2	1
1.3 对授课培训师的满意度：	5	4	3	2	1
1.4 对培训组织的满意度：	5	4	3	2	1

2. 为帮助我们了解详细情况，请您帮助我们继续圈选：

2.1 关于培训内容：					
培训内容利于理解和学习	5	4	3	2	1
适合我的需要（针对性）	5	4	3	2	1
便于在工作中运用（实用性）	5	4	3	2	1
课程案例、思路给我以启发	5	4	3	2	1
2.2 关于培训师：					
对主题和课程重点的把握	5	4	3	2	1
授课思路清晰，语言表达能力强	5	4	3	2	1
课堂组织控制好，课堂气氛活跃	5	4	3	2	1
鼓励学员参与，能有效回答学员问题	5	4	3	2	1
经验丰富，且乐于与学员分享	5	4	3	2	1
2.3 关于培训组织工作：					
培训会务保障	5	4	3	2	1
培训时间安排	5	4	3	2	1

3. 您认为哪些内容对您最有帮助？

4. 您对本次培训还有哪些改善建议和意见？

（二）学习层次

学习层次的评估，主要是学员掌握了多少知识和技能，比如学员吸收或者记住了多少课程内容？因此，通常通过考试、演示、讲演、讨论、角色扮演等方式进行。具体操作中，有如下的方法：

在反应层次评估基础上，增加学习内容测试和问答题，要求运用所学的知识进行解答。可以分为基础知识点和情景模拟问答。

在实际过程中，特别是在岗培训内容，学习层次的评估是进行现场操作，在操作过程中检查主要关键知识点的掌握。

一些专业性岗位的课程学习后，要求按照学习的内容和时间提出自己的改善方案，并交给直接上级负责监督执行。

由于成年人都有意识在学习过程中根据自己的经验和工作需要尽可能的吸收更多的内容，因此针对那些培训内容很宽泛的课程，通常建议采用一个简单的测试：列出三项你认为最有价值或者让你印象最深刻的内容，这样可以更明确学员在培训过程中的收获。

学习层次的评估的优点有：对培训学员有压力，使他们更认真地学习；对培训师也是一种压力，使他们更负责、更精心地准备课程和讲课。学习是行为改善的第一步，但问题在于，压力是好事也可能是坏事，有可能使报名不太踊跃。再者，这些测试方法的可靠度和可信度有多大？测试方法的难度是否合适？对工作行为转变来说并非最直接的参考指标，学员学会了不一定使用。

应对这些问题的办法主要就是采用合适的评估方式。比如，对那些基于知识的培训（包括技能培训）采用考试的方式；对要认真对待结果的正式培训也应该考试，并展开讨论。如果采用演示、讲演、讨论、角色扮演等方式，应事先让学员知道规则、时间及考核者。

（三）行为层次

行为层次的评估是培训后的跟进过程：学员的在职表现是否提高？生产效率是否提高？废品率是否下降？缺勤率是否降低？士气是否提高等问题。行为层次的评估，主要有主管的评价、客户的评价、同事的评价等方式。行为评估相对于反应与学习评估都更具有难度，但是我们可以通过记录产量、质量控制、成本和薪资并定期进行回访或者学员主管的汇报来进行评估。

行为层次的评估是一个需要时间的过程，通常此类评估通过前后对照、360度调查和绩效考核方式进行。一般时间大约是3～6个月，甚至一年以后进行。为考虑公平性，行为层面评估需要其他人的介入，一般评估人员的组合是由学员、同事、下属和上司进行。操作的基本步骤是，在培训结束之时，要求学员制定一份有量化改进的实践计划，列明现在的情况和需要改进达到的方面。制定跟踪评估调查问卷，并约定在培训结束3～4

个月左右的时间里，对学员进行跟踪调查。然后，培训师、学员与学员上司讨论详细计划，并由直接上级存档。在约定的评估时间内，培训师需要进一步与直接上级接触进行评估交流。约定的时间到后，学员本人和直接上级进行评估。有的时候，培训师也参加到评估中。培训后的行为评估要与培训前的需求调查进行综合比较。

这个层次的评估的好处是：培训的目的就是改变学员的行为，因此这个层次的评估可以直接反映课程的效果；可以使高层领导和直接主管看到培训的效果，使他们更支持培训。进行行为评估是培训师获得学员主管参与课程的一个良好机会。

但是，这个层次的评估要花很多时间、精力，人力资源部门可能忙不过来；问卷的设计非常重要却比较难做；因为要占用相关人员较多时间，大家可能不太配合；员工的表现多因多果，如何剔除其他因素的影响，也是一个问题。

一般可以考虑以下解决办法：

（1）选择适合这样做和值得这样做的课程，如公司行为、时间管理等，记住不是所有的课程都可以进行行为评估。

（2）注意选择合适的评价时间，即在培训结束多长时间后再来评价：间隔时间太短，学员可能还未熟练掌握，难以反映培训的长期效果；间隔时间太长，多因多果的影响增强，难以评测。

（3）主管的配合很重要。要取得学员主管的配合，首先要让他了解，学员参加这样的培训有利于其更好地工作；其次深入地沟通评估的目的和方法，并在批准这个培训时就让他知道他在事后需要予以配合。在美国宝洁公司，培训师通常会发一个 3 个月的跟进信给学员的主管，询问学员在培训前后是否发生行为的转变。

（4）充分利用咨询公司的力量。因为这个层次的评估比较复杂、专业，占用的时间和精力也很多，人力资源部门要充分借用咨询公司的经验和人力，有些事情可以外包出去。

（四）结果层次

结果层次的评估与行为层次的评估比较类似，但是会更侧重组织整体的绩效表现，而且也不需要把所有的课程都与组织表现直接挂钩。结果层次的评估是培训评估最大的难点。因为对企业经营结果产生影响的不仅仅是培训活动，还有许多其他因素都会影响企业的经营结果，培训只是提升组织绩效的众多工具之一。如果对培训进行过度的量化评估则会导致管理方向的失误。

这种评估方式的优点显而易见，因为企业及企业高层主管在培训上投资的根本目的，就是为了提高这些指标。如果能在这个层次上拿出翔实的、令人信服的调查数据，不但可以打消高层主管投资于培训的疑虑心理，而且可以指导培训课程计划，把有限的培训费用用到最可以为企业创造经济效益的课程上来。

但是，与其他事情一样，最令人向往的事往往最难做到。这个层次的评估，一是需要时间，在短期内是很难有结果的；二是对这个层面的评估，人们才刚刚开始尝试，缺乏必要的技术和经验；三是必须取得管理层的合作，否则你就无法拿到相关的数字；四是多因多果，简单的对比数字意义不大，你必须分辨哪些"果"与你要评估的课程有关系，在多大程度上有关系。

二、评估结果的应用

培训评估结果的运用与否及如何运用，直接关系到企业培训的效果。一般来说，培训评估的结果可用于以下几个方面：

（1）为后续培训提供参考依据。企业可根据评估的结果调整或改变培训的内容、方法、时间及培训师等，以提高培训的效果。

（2）作为绩效考核的一个指标。培训是提高员工综合素质的一条重要途径。把培训结果作为员工绩效考核的一个指标有助于提高他们参与培训的积极性，从而提高培训效率。

（3）作为提拔任用的部分依据。参训人员培训的结果，从某种程度上来说反映了他们对待培训的态度及他们的学习能力及未来的发展潜力，把培训的结果作为企业内部提拔任用的部分依据有助于培养企业浓厚的学习氛围，从而提高企业的培训效率。

三、运用柯氏模型进行培训效果评估的注意事项

（1）四个层次的评估是一个整体，缺一不可：我们在实际运用中通常会停留在反应与学习两个层次，简单地填写一份培训评估表就万事大吉，忽视了行为与结果的评估。

（2）分析的结果缺乏反馈：分析的结果只保留在培训主管的手中，未能将其反馈给培训师、学员与学员主管，因而不能进一步改进课程和提升学员的学习效果。

（3）企业负责人片面的看待评估结果：未能对培训结果的产生条件与结果本身联系起来，因而简单的得出培训有效或者无效的结论。

（4）评估进行的时间与时机选择不合适：只有在合适的时间与时机下，由合适的人进行的效果评估才能更充分体现培训的实际效果。

四、使用柯氏评估模型的三大误区

随着企业对培训效果评估的日益重视，柯氏评估模型已成为企业培训效果评估的主要标准。但是正如唐纳德·柯克帕特里克的儿子吉姆·柯克帕特里克所说，企业在使用该模型时存在着很多误区，其中表现最为鲜明的误区有以下三种。

（1）误区之一：柯氏评估模型的作用只能有限地发挥在前两个层次，即评估反应层和学习层。

由于存在着执行难度的原因，大多数企业对柯氏评

估模型的使用，都只是进行到了反应层和学习层，很少企业能够推进到行为层和效果层。也就是说，对于培训后续效果的评估比较有限。尽管如此，吉姆·柯克帕特里克认为虽然柯氏评估模型还不是一种尽善尽美的评估方法，但目前包括财富500强在内的企业都没有将隐藏在这一模型背后的真正功能发挥出来，即没有对培训的效果层评估进行有益的尝试。

（2）误区之二：柯氏评估模型仅对一般的培训课程和项目的评估有效。

事实上，唐纳德·柯克帕特里克在其原著里指出，设计这个四层次评估模型是为了更好地评估针对管理人员的培训项目。今天的培训更多的是基于战略开展的，是为满足企业发展战略服务的，因此对企业的培训效果的评估也需要与企业的发展战略紧密连在一起，而柯氏四层次评估模型正是以此为出发点的。

（3）误区之三：柯氏评估模型和培训教学设计、胜任特征以及绩效管理毫无关联

吉姆·柯克帕特里克指出，他通过把四层次评估模型和教学设计、胜任特征、绩效管理结合起来进行的一系列的研究发现，把它们联系在一起可以增加四层次评估模型的运用深度，并且可以在此基础上形成战略协同性，这就从真正意义上使人力资源管理中的培训活动成为企业发展战略的"业务伙伴"。

柯氏评估模型在提高培训的效果和论证培训活动的有效性方面具有十分重要的作用，但正是上面所述的三个误区以及其他一些误解限制了这些作用的发挥，使这

些作用被"隐藏起来"了。

第二节　培训效果强化落实
的有效方法

上一节我们从培训效果评估的四个层次，谈了培训效果的评估及落实，下面我们介绍几种非常行之有效、操作简单的培训效果评估及强化落实方法，供大家参考。

一、培训效果强化落实的有效方法

（一）案例评估法

针对讲授以及实战案例教学，主要通过学员结合培训后自己的工作实践，提交工作案例，将培训中学到的知识和方法用案例的形式反映出来，由培训组织者和培训师对案例进行梳理、点评、纠偏、提升，对于典型的案例可以制作成企业内部培训案例库，可以作为进一步学习与交流的原创资料。

强化的基本流程：结合课程发预习案例或课件，提炼课程重点制作好重点内容幻灯片授课——课中布置作业——学员听课后组织讨论——回放重点内容幻灯片强化学习——工作中的改进——结合工作的改进情况交案例作业——培训师批改或点评——好的案例制作成企业案例教材。

（二）行动能力改善计划

帮助学员在课中设计《行动能力改善计划》，培训结束 3 个月内，人力资源部会同部门主管对培训有效性进行评估，完成《培训有效性评估表》，并协同受训人员直接主管共同评估受训人员行动能力改善情况（通过实际工作中的具体事例说明）。

强化的基本流程：培训中学员填写当次课程的《行动能力改善计划》——课后由培训部门及受训人员直接主管共同监督，改进工作——工作改进中——1～3 个月内进行监督反馈，通过一些工作事例反馈培训知识或技能的掌握。

（三）考核评估法（自修课程）

针对安排教材自修、网络学习等方式的培训（结合阶段性培训课程，可以给学员安排一些自修、网络课程以配合一般授课），可以使用考核评估法。主要是对学员需要掌握的知识点以及方法划出重点，通过集中笔试，帮助学员强化知识点、增进认识，同时可以直观的了解学员的学习进度。

强化的基本流程：确定课题及教材——通知学员自修期限——划出考核重点——安排笔试——公布考核结果——对普遍没掌握的问题重点公布——安排继续自修。

（四）重点归纳学习法（可以重点针对光盘录像类培训，也可结合讲授类培训）

针对部分讲授课程以及光盘的学习，可以对重点内容进行整理和归纳，每堂课前或课后，把课中的重点理念加以总结；好的方法细致的罗列出来，再制作成幻灯片发给学员并安排回放，组织学员分组讨论，这样可以有效的加深和巩固观念的转变和方法的掌握，讨论交流时安排小组记录，学员需提交学习心得或总结。课程重点内容幻灯片资料与本次培训讲义均收入公司教材库以备重复学习。

强化的基本流程：准备好课程重点内容的幻灯片——课前发学员讲义预习（或看录像）——培训师授课（或看录像）——组织学员课后讨论——讨论后给学员回放重点内容幻灯片加以强化。

（五）纠偏强化训练（行为、思维训练等课程）

针对行为、思维训练类型的培训（例如：公文写作、演讲、企业内部培训师等有训练的课程），安排一些专题训练，对学员的现场掌握进行归纳或批改或讲评，直至多数人基本掌握应用为止。

强化的基本流程：课前发课程讲义预习——培训师授课——布置作业——培训师批改——安排问题纠偏或讲评活动——反复训练直到掌握。

二、培训师是培训效果强化落实的关键

培训师的角色到底是什么？究竟要用什么心态，来面对学员和课程，也就是培训师要怎样认识自己、学员、课程的关系。这个角色、心态和认识，关系到课程的成败。

按着西方的标准，培训师分为初级、中级、高级三个层级。其能力水平特点如表 5 - 1 所示。

表 5 - 1　　　　　培训师能力水平特点

师资层次	能力水平		学　员　感　受
	表达能力	设计能力	
初级	79％	21％	表达不流畅、结构模糊、知识体系不严谨
中级	46％	54％	表达流畅、结构清晰、知识体系严谨
高级	28％	72％	表达自如、结构科学严谨、知识体系创新

作为一个刚入门的培训师，其基本能力一般是比较差的。作为初级培训师，在学员的感受上，表达不是很流畅，而且结构比较模糊，其知识体系是不严谨的。

一个中级水平的培训师要有两种能力：前台的表达能力和后台的设计能力。如若两者的比例达成五五，那么大家会感觉到表达流畅，结构清晰，知识体系严谨。

到了高级的培训师，前台能力和后台能力同时增长，后台能力的增长是更快的，如果增长速度达到了70％以上，那么你会感觉到你的表达是自如的，结构是科学严谨的，知识体系是创新的。凡是大师级的培训师，都会有自己的知识体系，而一些刚刚入门的培训师往往是模仿别人。

我们了解培训师的层次，就是使作为培训师的我们知道自己的努力方向，知道一个培训师既要会用讲述方式来上课，甚至要有能力开演讲会，宣讲某些东西；也要有能力用引导的方式来调动学员参与，让学员真正有体会。在课程准备上，要成为课程的专家，基本上能回答学员的个性化问题。也就是要做到低调上课，高调备课。做到了这两点，其他的授课技巧都不重要了，学员会被你的内容打动，佩服你是专家；进而又被你的谦虚感动，佩服你的为人，还有不成功的培训吗？

　　学员对培训师的评价，一般来说就是：能不能帮他解决问题、能不能学到新东西。这就对培训师在内容上、技巧上有很多要求。对于成人来说，接受别人的观点、方法是非常不容易的，因为在他的头脑中，已经有了自己的经验模式，这些经验模式过去给他带来了成功。今天他来参加培训，学习新模式，本能地、潜意识地会对培训师讲述的内容有所抵触。他们会问：真的吗？是这样的吗？我这里不是这样的，这些问题往往会降低培训的效果。

　　所以培训师在课堂上，要准确地把握住学员的需求，针对这些需求，给出相应的内容，培训的效果才能最大。培训师强行灌输内容，那是学校的教师，不是企业培训师。培训师要让学员准备好接受的时候，才给出内容，这样的内容才能满足学员的需求，才是有价值的。不了解学员想要什么、准备接受什么，而给出你的讲述，在让学员理解，这就是在说教！这样的培训师将是危险的，容易受到某些学员的挑战。另外，如果学员只是知道了一些知识，根本能力得不到提高，参加培训和自己看书又有什么差别呢？

　　作为企业培训师，眼力是基础，也是修炼的最高境界。培训师在和学员互动过程中，察言观色，发现学员的问题，了解学员对内容的认知程度，进而选择自己的用词，选择自己的角度，再让学员接受培训师的观点和方法。要让自己一扫学员，就可以准确判断现场气氛，学员是什么状态，对培训师信任程度怎么样，没有长期的课程实践和细致总结是做不到的。

在教学内容方面，要做到凡是和课程相关的理论都熟悉，凡是学员可能提出的问题都要有所准备。该讲述时要讲述，该引导时就引导，需要故事就讲故事，需要案例就用案例。还要善于调动课堂气氛，在沉闷的时候开个玩笑，互动的时候，风趣地点评。语言要轻柔，让学员喜欢听，不能太生硬。要做到一天七小时，连续上四、五天课程，嗓音不变，清脆悦耳。

要使企业内部培训更容易看出效果，就要优化培训师队伍，让企业培训师的授课内容能够更专业、系统，培训师的表达更清晰、简洁、幽默，培训师的授课技巧更灵活、多变。

 知识拓展

一堂好课的五个支点

1. 支点之一——好的教学设计

做好教学设计（教案）是一堂理想课诞生的前提。

培训课程所追求的理想课堂要成为现实，就必须要求培训师能够拿出优秀的教学设计。教学设计

（教案）不是对课堂情景进行面面俱到的预设，只是描述大体的轮廓，只明确需要努力实现的目标，它给各种不确定性因素的出现留下足够的空间，并把这些不可预测的事件作为课堂进一步展开的契机。教学设计（教案）是培训师构思教学的过程，它凝聚着培训师对教学的理解、感悟，闪烁着培训师的教学智慧和创造精神。一句话，它是培训师教学过程中的创造性劳动。

2. 支点之二——好的教学基本功

教学基本功是培训师上好课的个人素质。

教学设计（教案）编写得再好，教学活动设计得再合理，培训师的教学基本功不过关，教学也会功亏一篑。

教学基本功主要指培训师的专业知识要扎实，专业思维方法要娴熟，培训师的语言要清晰、准确、生动、规范、速度适中、声调高低适度；板书要正确、工整、美观、计划性强；教态要亲切、自然，作风民主；仪表朴实端庄，举止大方。

3. 支点之三——培训师的激情

所谓激情，是激动的情绪，是一种高涨的心理状态。

一堂好课，培训师完全进入角色是重要的前提，用自己的激情感染学员，充分启发学员的情商，充分调动学员的情感，保证课堂气氛层层高涨，灵活应对各种情况而不受约束。在平时的教学实践中，自己常常会有这样的体会，如果上课前自己的心情不舒畅或没有调节好，会大大影响上课的效果。因此，好课需要我们培训师的激情。

4. 支点之四——学员的参与

课堂教学的本质是知识、技能的生成过程，学员是课堂教学的主体，所以一堂课的好坏，还应看学员的参与情况。

学员没有参与，或参与得不够，就谈不上"主体"。看学员的参与状态，既要看参与的广度，又要看参与的深度。就广度而言，要看学员是否都参与到课堂教学中来了，是否参与了课堂教学的各个环节。就深度而言，要看学员是被动应付地学习还是积极主动地探究，是浮光掠影、浅尝辄止，还是潜心钻研、情动意发。

所以培训师"唱主角"的课不是好课；只是少数优秀学员展示才华、大多数学员坐陪旁观的课不是好课；表面热热闹闹、实际没有引起学员多少认知冲突的课也不是好课。

5. 支点之五——学员的学习结果

一堂真正意义上的好课，最终都要落实到学员的学习结果上。

过去评价一堂课，往往主要看培训师课堂传授的知识技能是否足够的多，对于学员接受的程度与效果如何，评价的少。如今，更要看学员有无切实掌握这些知识、技能，并将这些新知识、技能纳入自己原有的知识体系中，进行融会贯通。同时，关注每一个学员的学习达成状态，要看学员在学习过程中是否积极主动地跟进、共鸣、投入，每个学员是否在原有基础上得到尽可能大、尽可能全的提升。面向全体学员，要看是否让优秀学员"吃得饱"，早日脱颖而出。让学习有困难的学员"吃得下"，真正学有所得。

对好课的认识，是教学观念的体现。

三、学员是培训效果强化落实的根本

所有参加培训的学员都希望能够在一次培训过程中有很大的收获。除了培训师的专业水平、授课技能和敬业精神以外，学员的学习态度和方法往往也起到很大作用。因此，培训师还需了解学员听课的特点，在授课时引导学员按正确的方法去听课，从而提高学员听课的效果，从培训工作的经验来看，能够学在其"中"的学员往往能够很好地理解并运用培训所学。学员的表现具有以下共性。

（一）学员的共性表现

1. 投入积极的情绪

学习绝不仅仅是头脑的学习，它还需要人们将情绪、感觉、感官都能够投入到学习过程中。那些能够调动自己的视觉、听觉、感觉的学员往往在学习的过程中可以快乐、有效的理解所学。

针对此情况，培训师在授课时应该做到多感觉促动！

2. 学习是创造的过程

学习不是一个被动吸收的过程，应该是一个培训师带领学习者不断创造的过程。学习者要将新的知识、技能融合到自己已有的能力体系中，才可以使学习真正物有所值。

针对此情况，培训师在授课时应该做到理论与实践相结合、启发与讲授相结合！

3. 学习是合作的过程

好的学习不是独立的，应该与其他人多多分享自己的感受，同时倾听其他人的感受。所有的新知识、新技能都是在不断分享中得到改善和成长的。学习者之间没有好坏之分，更没有竞争之说，只有在不断的分享中才能更多地得到培训的六个真谛——"资源、信息、激励、知识、技能和态度"！

针对此情况，培训师在授课时应该鼓励通过共同合作解决问题！

4. 乐于图像化思维

好的学习者喜欢将培训师讲的知识按照自己习惯的记忆方式进行整理。其中最常见的就是将抽象的语言图像化。除了图片以外，运用简单的线条将文字图案化也是一种较好的选择。

针对此情况，培训师在授课时应该注意幻灯片制作的文字图案化！

5. 实践是最好的学习

好的学习者，他们深知：这个世界上没有任何一个道理可以解决所有的问题，实践才是学习的最佳途径。我们只有在泳池中学会游泳、在自行车上学会骑车、在管理中学会管理、在销售中学会销售、在客户服务中学会怎样关心客户、在思考中学会思考！

针对此情况，培训师在授课时应该设计实践环节，让学员在"做中学"，好的学习者是"学在其中""乐在其中""做在其中"的。

（二）学员应接受的观点

同样是一个有效沟通的培训，由同一个培训师授课，用的是同样的一本教材，在同样的地方用的是同样的时间，大家往往会看到不同的学员有不同的收获。可见，培训内容、讲课老师、培训方式等不可否认会影响培训效果，但最终决定培训效果的往往取决于受训人本身，以及支持他发挥培训效果的整体环境。在培训中培训师应向学员灌输以下观念：

（1）作为接受培训的个人而言，要有非常明确的培训目的。受训人应积极地参与培训，任何置身事外或消极敷衍的态度都会使你的学习效果大打折扣。同时，在培训中学员总会遇到一些以前自己学过、看过或听过的东西，这个时候以开放的心态去积极聆听和吸取，一方面可以作为复习巩固，另一方面，能从另外全新的角度去理解以前的知识，这也是一种收获。

（2）课后对培训内容的回顾和整理是学以致用的基本前提。通常培训课程中会摄入大量的信息，并不建议学员刻意记住全部内容，而是有针对性地筛选和整理其中对学员自己有帮助的部分，从而进一步深入思考这些内容的具体启发和作用，当理清了思路，找到了达到自己希望达到的培训目的的切入点后，制订一份切实可行的行动计划来督促自己学以致用，是确保达到培训目的必不可少的手段。

（3）在工作中采用新的方法或技能并不是件容易的事，尤其在开始阶段，必须有意识地要求自己用、坚持用。这会有一段时间的痛苦期，因为你可能还没有适应和习惯，自然用起来不如旧方法来得熟练和快捷，甚至绩效还可能出现下降。但如果能够坚持，并及时寻求经理或外界的帮助，找出问题所在，帮助坚定信心，继续去运用新知识和新技能，那么你会发现当你开始熟悉、开始适应，并开始乐意去用的时候，你的绩效正在逐步提升。当你已经习惯运用，甚至在运用的过程中，善于总结心得和经验，所谓的新技能就成了你独特的个人经验，这也就是培训效果真正达到最优化的程度了。

使企业内部培训更容易看出效果，就要让员工能够更积极地投入到培训当中，全身心地参加培训，谦虚学习。不管是什么培训，参与与参加是有区别的，有意识的学习是很重要的。在培训过程中鼓励员工更积极的思考、保持与培训师的互动，课后将培训所学的知识应用到实际的工作当中。

　　总之，以上每一步都影响到企业培训的效果，企业要想提高培训的效果就必须对上述问题进行综合的、系统的考虑，认真实施这些措施。

 **案例学习**

　　某公司是上海的一家股份制公司，按计划，该公司人力资源部3月要派人去深圳某培训中心参加一次培训。当时人力资源部的人员都想参加，不仅是因为培训地点在特区，可以借培训的机会到特区看一看，而且据了解，此次培训内容很精彩，而且培训师都是些在大公司工作且有丰富管理经验的专家。但很不凑巧，当时人力资源部工作特别忙，所以主管权衡再三，最后决定由手头工作比较少的小刘和小钱去参加。人力资源部主管把培训时间、费用等事项跟小刘和小钱做了简单的交代。培训期间，小刘和小钱听课很认真，对教师所讲内容做了认真记录和整理。但在课间和课后小刘与小钱俩人总在一起，很少跟其他学员交流，也没有跟培训师交流。培训回来后，主管只是简单地询问了一些培训期间的情况，小刘、小钱与同事也没有详细讨论过培训的情况。过了一段时间，同事都觉得小刘和小钱培训后并没有什么明显的变化，小刘和小钱本人也觉得听课时很精彩，但是对实际工作并没有什么帮助。

　　根据案例回答：

（1）该公司的小刘和小钱的培训效果令人满意吗？

（2）该项培训的人员选派是否存在某些问题，为什么？

（3）根据案例提出能够增强培训效果的有效措施。

答案：

（1）小刘和小钱对培训效果不会十分满意，同事们也会感觉到他们两人在培训后没有取得明显的进步。

（2）受训人员的选派存在明显的问题：

A. 缺乏对受训者培训前的需求分析；

B. 缺乏对受训者学习目标和效果的界定和要求；

C. 缺乏规范的人员培训计划。

（3）具体措施：

A. 重视培训前的需求分析，明确培训的目的，受训人员的培训需求，培训后应达到的目标、效果和要求；

B. 重视培训中学员的信息沟通与交流，包括学员与培训师，其他学员和培训机构等方面的信息交换、沟通与收集；

C. 强化培训后学员培训效果的评估与考核：培训后受训者自己的信息整理，就培训相关的内容与主管和其他同事的信息沟通、交换与共享，包括正式的和非正式的；

　　D. 主管对受训者的考核与评估。最后，根据上述各种信息的采集与深入分析，提出系统全面的员工培训计划，并推行实施。

 思考题

1. 简述柯氏培训评估的四个层次？
2. 简述培训效果强化落实的有效方法？